John Gray

Mars & Venus
im siebten Himmel

JOHN GRAY

Mars & Venus
im siebten Himmel

Beziehungsschule
für Männer und Frauen

Aus dem Amerikanischen
von Clemens Wilhelm

GOLDMANN VERLAG

Die amerikanische Originalausgabe erschien
unter dem Titel »What You Feel You Can Heal«
bei Heart Publishing Co., Mill Valley, California.

1. Auflage
© Text 1984 by John Gray, Ph.D.
© Illustrationen 1984 by John Gray, Ph.D.
© Vorwort 1994 by John Gray, Ph.D.
© 2001 der deutschsprachigen Ausgabe
Wilhelm Goldmann Verlag, München,
in der Verlagsgruppe Bertelsmann GmbH
Satz: Uhl + Massopust, Aalen
Printed in Germany · GGP Media, Pößneck
ISBN 3-442-30936-0

Für alle starken Menschen,
die bereit sind zu fühlen
und ihre Herzen zu öffnen,
um so eine liebevollere Welt
zu schaffen.

Inhalt

Vorwort 11

Einleitung 13

1. Liebe – das zentrale Bedürfnis 17

Die Spirale der Selbstliebe 21

Wie alles anfing 25

    Es ist in Ordnung, sich selbst zu schätzen 25

    Es ist in Ordnung, Wünsche zu haben 27

    Es ist in Ordnung, man selbst zu sein 29

    Es ist in Ordnung, Fehler zu machen 30

    Es ist in Ordnung, sich auszudrücken 31

2. Wie wir uns verstecken 33

Streber 33

Kritiker 35

Aufschneider 37

Opfer 39

Nette 42

Selbstgerechte 44

Zornige 46

Maskenträger 47

Leichtgläubige 48

Schüchterne 50

Angeber 52

7

Einzelgänger 54
Märtyrer 57
Wie erfolgreich verstecken Sie sich? 59

3. Was geschieht in Beziehungen? 61
Warum es schief geht 62
Was kann man tun? 66
Von wem lernt man zu lieben? 69
Liebe neu lernen 70
Die Beziehungen bereichern 71

4. Der Schlüssel: Die ganze Wahrheit sagen 76
Der Eisbergeffekt 79
Im Herzen, nicht im Kopf leben 81
Was fühlen wir wirklich? 82
Festgefahren 85

5. Was geschieht, wenn man nicht die Wahrheit sagt . . 93
Die vier Warnzeichen 94
Widerstand 96
Groll 97
Ablehnung 98
Verdrängung 100
Warum man Gefühle verdrängt 106
Gefühle verschwinden nicht 108
Abstumpfung 110
Überreaktion 110
Raubbau am eigenen Körper 117

6. Gefühle sind unsere Freunde 120

Verdrängte Gefühle heilen 121
Therapeutische Heilung der Vergangenheit 125
Was man fühlen kann, kann man auch heilen 125
Die Kunst, Gefühle mitzuteilen 126

7. Was macht Beziehungen so paradox? 128

Das emotionale Band 128
Was man selbst unterdrückt, drückt der Partner aus . 131
Warum Frauen manchmal überemotional zu sein
scheinen 135
Warum Frauen übermäßig anhänglich werden können 137
Wie der Schaukeleffekt die Gefühle übersteigert 138
Spieglein, Spieglein an der Wand 140
Der Schaukeleffekt und die Eltern 141
Der Schaukeleffekt bei Kindern 142
Schaukelreigen 144
Wenn die Beziehung auseinander bricht 146
Wie man den Schaukeleffekt erkennt 147
Wie man mit dem Schaukeleffekt umgeht 148

8. Die Herzmethoden 150

Die Wiederholungsmethode 151
   Was Wiederholungen bewirken 152
   Drei Grundschritte 154
   Beispiele 156
Das Zornprogramm 168
   Stufe 1: Auf sich selbst wütend werden 170
   Stufe 2: Motivieren 171
   Stufe 3: Eigenlob und Unterstützung 172

Die Liebesbriefmethode 173
    Der Zweck des Liebesbriefs 175
    Wortgefechte helfen nicht 175
    Wie man einen Liebesbrief schreibt 176
    Wie geht es nach dem Liebesbrief weiter? 181
    Regeln für das Lesen von Liebesbriefen 182
    Einen Liebesbrief an einen anderen als den
    Liebespartner schreiben 183
    Wenn der Partner den Liebesbrief nicht vorlesen
    oder selbst keinen schreiben will 184
    Nach dem Lesen 185
    Was tun in emotionalen Notfällen? 186
    Tipps für bessere Liebesbriefe 187
    Beispiele für Liebesbriefe 196

9. Liebe allein genügt nicht 206

Um etwas bitten 212
Liebe heißt nicht, immer nett zu sein 219
Die Liebe aufkündigen 226
Das Geschenk der Liebe 230
Danksagung 235

Vorwort

Wir alle wollen lieben und geliebt werden – aber die Erfüllung dieses Urbedürfnisses kann eine der größten Herausforderungen unseres Lebens sein. Ohne liebevolle und dauerhafte Beziehungen können wir seelisch nicht gesund bleiben. Liebevolle Beziehungen zu entwickeln und aufrecht zu erhalten erfordert aber mehr als nur guten Willen; man braucht dazu bestimmte Fähigkeiten, viel Übung und den festen Entschluss zu innerem Wachstum.

Um wirkliche Liebe geben und empfangen zu können, muss man zunächst lernen, ohne Erwartungen zu geben und ohne Ansprüche zu empfangen. Eine solche bedingungslose Liebe ist nicht bloß ein Wunschbild, sondern etwas, was man durch Übung erreichen kann. Ihr Geheimnis liegt darin, dass man zuerst lernen muss, sich selbst zu lieben. Je größer die Selbstliebe wird, desto größer wird ganz von selbst die Fähigkeit, Liebe zu geben und zu empfangen.

Unbedingte Liebe hat man, wenn das Herz bis zum Überfließen davon erfüllt ist. Nur: Es ist leicht, bedingungslos zu lieben, solange man positiv gestimmt ist und das Gefühl hat, von anderen geliebt zu werden. Und es ist schwer, wenn man negativ gestimmt ist und nicht geliebt wird. Bekommt man keine Liebe und Unterstützung von außen, kann man sich trotzdem helfen: Man muss sich nach innen wenden und sich selbst etwas geben. Ist man wieder mit sich selbst im Reinen, fällt es nicht nur leichter, etwas zu geben, sondern es wird auch einfacher, zu kommunizieren und sich um die Befriedigung seiner Bedürfnisse zu kümmern. Dann zieht man wie ein Magnet mehr Unterstützung an.

Unaufgelöste negative Emotionen aus der Vergangenheit schwächen die Fähigkeit, sich selbst und andere zu lieben. Indem man lernt, seine verborgenen Gefühle wahrzunehmen und auszudrücken, lernt man gleichzeitig, immer mehr Teile von sich selbst zu lieben und zu akzeptieren, die irgendwo in der Vergangenheit untergegangen sind. Niemand muss Gefangener seiner Vergangenheit bleiben. Jeder Mensch kann sich befreien, um mit der Fülle seiner Fähigkeiten anderen etwas zu geben und selbst Unterstützung und Anerkennung zu erhalten.

Dieses Buch will dazu inspirieren, freundschaftlicher mit sich selbst umzugehen und liebevolle und dauerhafte Beziehungen zu entwickeln. Praktische Übungen zeigen, wie man seine Beziehungen mit mehr Liebe, Kommunikation und Hilfsbereitschaft erfüllen kann. Vor allem aber geht es darum, sich selbst lieben zu lernen, denn das ist die größte Liebe überhaupt.

Dr. Harold H. Bloomfield
Autor von *Lifemates*

Einleitung

Seit dieses Buch zum ersten Mal erschienen ist, hat es Tausenden von Menschen geholfen, ihre Beziehungen zu verbessern und zu bereichern. Immer wieder bekomme ich Briefe und Anrufe von Männern und Frauen, die mir berichten, dass ihre Ehe gerettet oder die Beziehung zu ihren Eltern oder Kindern in unerwarteter Weise geheilt wurde. Durch Empfehlungen und Mund-zu-Mund-Propaganda ist es zu einem Langzeitbestseller geworden.

Die in diesem Buch vorgestellten praktischen Erkenntnisse und Übungen können das Leben innerhalb von Tagen verändern und erweisen sich auf Jahre hinaus als wirksam. Die Leser erfahren hier nicht nur, wie sie dauerhafte Liebe und Zuneigung erlangen, sondern auch, wie sie sich selbst mehr lieben können, um dadurch auch alle anderen Beziehungen zu verbessern.

Am Anfang einer Beziehung steht immer eine mit großen Hoffnungen verbundene Liebe. Allmählich aber flaut die Leidenschaft ab. Man verliert den Kontakt zu den eigenen positiven Gefühlen oder stumpft einfach ab. Man sträubt sich dagegen, die Beziehung zu beenden, aber es scheint keine andere Wahl zu geben.

Und doch gibt es eine Lösung – wenn man weiß, wie man Gefühle heilen kann. Es ist durchaus kein neuer Partner nötig, um sich wieder »lebendig« zu fühlen. Eine Liebe, die verloren scheint, ist im Allgemeinen nur verschüttet und kann wieder freigelegt werden. Dieses Buch enthält eine Fülle praktischer Tipps, wie Frauen und Männer zu ihren Gefühlen zurückfinden und wieder Liebe erfahren können.

Allerdings genügt der bloße Wille nicht, sondern neue Methoden sind nötig, um mit Gefühlen umzugehen. Die Herausforderung besteht darin, den Kontakt mit liebevollen Empfindungen zu halten, ohne die schmerzlichen oder schwierigen Gefühle zu verleugnen, die von Zeit zu Zeit auftauchen.

Seit ich dieses Buch geschrieben habe, habe ich auch entdeckt, wie unterschiedlich Frauen und Männer ihre Gefühle wahrnehmen und ausdrücken. In vielerlei Hinsicht sprechen wir verschiedene Sprachen und verhalten uns, als wenn wir von verschiedenen Planeten stammen würden. Um dieses Thema geht es in meinem Buch *Männer sind anders. Frauen auch.* Aber selbst mit dieser Erkenntnis bleiben Konflikte natürlich nicht aus. Eine Lösung und ein harmonisches Zusammenleben mit dem anderen Geschlecht ist nur möglich, wenn negative Gefühle in positive umgewandelt werden.

Männer neigen dazu, über ihre Gefühle erst einmal nachzudenken, während viele Frauen lieber gleich darüber sprechen. Dieser grundlegende Konflikt der Verhaltensweisen kann mithilfe der »Liebesbriefmethode« gelöst werden. Sie hilft insbesondere Frauen, Kontakt zu ihren Gefühlen zu bekommen, wenn ihr männlicher Partner nicht reden will und sie sonst niemanden haben, mit dem sie darüber sprechen könnten. Wenn eine Frau zu lange warten muss, bis sie über ihre Gefühle sprechen kann, baut sich Frustration auf. Kann sie sich dann endlich aussprechen, ist sie schon so aufgebracht, dass der Mann das Gefühl haben muss, sich vor ihren Vorwürfen, ihrem Misstrauen und ihren Angriffen nicht mehr retten zu können. Natürlich reagieren auch Männer manchmal in dieser Weise.

Männern empfehle ich, die Methode des Liebesbriefs anzuwenden, wenn sie das Nachdenken über ihr Problem nicht wieder zu ihren liebevollen Empfindungen zurückbringt. Ich persönlich setze diese Übung immer dann ein, wenn ich über irgendetwas verärgert bin. Nachdem ich dann meine Gefühle erkundet habe, kann ich in einer zentrierteren und entspannteren Weise darüber reden.

Gefühle haben eine große Macht. Sie können Nähe und Intimität schaffen, aber sie können auch verletzen und dazu führen, dass sich der Partner noch mehr zurückzieht. Es ist wichtig, Gefühle nicht einfach beim Partner »abzuladen«, sondern zu lernen, sie in einer Weise mitzuteilen, dass sich niemand verletzt fühlen muss. Deshalb ist es manchmal nützlich, Gefühle aufzuschreiben und das Papier dann wegzuwerfen. Ein anderes Mal kann es besser sein, diesen Brief dem Partner zu geben. Muss man annehmen, dass der Partner sich beschämt oder verletzt fühlen wird, dann sollte man in Erwägung ziehen, den Brief für sich zu behalten.

Neben der Liebesbriefmethode empfehle ich auch, diesen Brief selbst zu beantworten und alles niederzuschreiben, was man als Antwort gerne hören würde. Auch diese Übung hat eine außerordentliche Wirkung.

In diesem Buch wird auch davon die Rede sein, wie Frauen und Männer lernen können, verantwortungsvoll mit ihren eigenen Gefühlen umzugehen. Niemand muss seinen Gefühlen entfremdet und hilflos gegenüberstehen. Dazu ist es vor allem wichtig, die eigenen emotionalen Reaktionen auf das Leben zu spüren. Dann ist es möglich, sich von dem lähmenden Einfluss negativer Erfahrungen zu heilen und die Last vergangener Verletzungen abzuschütteln.

Wenn ein Mensch sich systematisch für seine Gefühle öffnet, kann er eine beglückende Erfahrung machen: Was man fühlen kann, kann man auch heilen.

Ich hoffe, dass dieses Buch alle Leserinnen und Leser dazu inspiriert, ihre Beziehungen mit neuer Liebe, besserer Kommunikation und mehr Hilfsbereitschaft zu bereichern, sodass sie Erfüllung und inneren Frieden erlangen können. Jeder Mensch hat das verdient.

John Gray

1. Liebe – das zentrale Bedürfnis

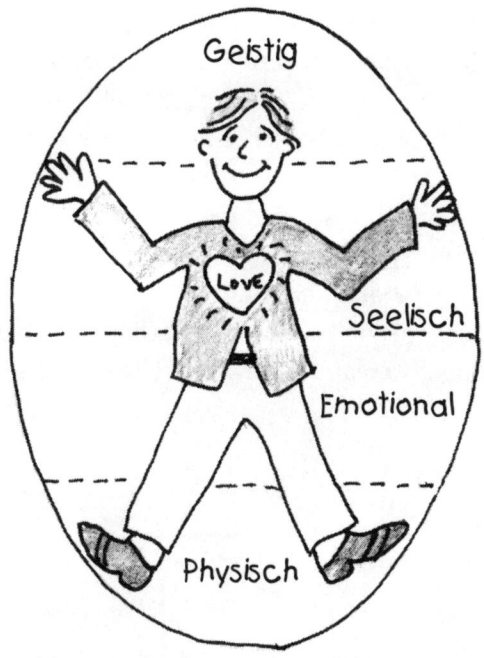

Ohne Liebe scheitert alles.

Der Mensch ist ein äußerst komplexes Wesen mit einer end-
losen Fülle physischer, emotionaler, seelischer und geistiger
Bedürfnisse, die alle befriedigt werden wollen. Frustrationen in einem dieser Bereiche können das gesamte Wohlbefinden beeinträchtigen. Und es gibt ein Bedürfnis, das so

grundlegend und wesentlich ist, dass es alles andere zum Scheitern bringen kann, wenn es nicht befriedigt wird. Dieses Bedürfnis ist die Liebe: Liebe zu anderen und Liebe zu sich selbst.

Der Hauptgrund für Enttäuschungen und Frustrationen ist immer ein Mangel an Liebe. Ohne Liebe können wir uns niemals wirklich erfüllt fühlen. Sie ist das Fundament, auf dem ein erfolgreiches Leben ruht. Wir können alles besitzen, was wir wollen – und können es doch nicht ganz genießen, wenn wir uns nicht selbst lieben und unser Leben nicht mit den Menschen teilen können, die wir gern haben.

Das Bedürfnis nach Liebe beginnt mit dem Bedürfnis, sich selbst zu lieben. Können wir uns selbst nicht lieben, machen wir es auch anderen schwer, uns zu lieben. Selbstliebe ist wichtig, wenn wir die Liebe bekommen wollen, die wir brauchen und verdient haben.

Jeder Mensch ist mit einem einzigartigen und besonderen Wert geboren. Niemand könnte so sein wie eine andere Per-

Das Bedürfnis nach Liebe wiegt schwerer als alle anderen Wünsche.

**Jeder Mensch hat besondere Eigenschaften,
die ihn zu etwas Einmaligem machen.**

son, nur besser. Jeder hat einen besonderen Platz in dieser Welt, und es gehört zum Prozess des inneren Wachstums, dass man seine »Nische« entdeckt und herausbekommt, was man zu bieten hat, welche Aufgabe man in der Welt hat. Diese Entdeckung bewirkt eine tiefe Erfüllung und macht den Menschen im Innersten lebendig. Aber sie ist nur möglich, wenn man aufhört, vor sich selbst Verstecken zu spielen und sich so liebt und akzeptiert, wie man ist.

Wenn Sie dieses Buch lesen, dann tun Sie das, weil Sie sich selbst lieben. Ein Teil von Ihnen sagt: »Ich habe mehr Liebe verdient, und ich will mehr Liebe. Vielleicht hilft mir dieses Buch.« Zumindest haben Sie sich noch nicht aufgegeben.

Hören Sie sich einmal folgende Fragen und Antworten an:

Warum ärgern Sie sich, wenn Sie keine Wertschätzung bekommen?

Weil ich das Gefühl habe, Wertschätzung verdient zu haben.

Warum tragen Sie schöne Kleidung?
Weil ich gemocht werden will.

Warum wollen Sie geliebt werden?
Weil ich glaube, es verdient zu haben.

Tief im Inneren wünschen wir uns alle die Liebe und Wertschätzung unserer Mitmenschen, weil wir das Gefühl haben, sie verdient zu haben. Aber oft haben wir den Kontakt zu jener Empfindung der Selbstliebe verloren, die wir noch als kleines Kind hatten.

Die Spirale der Selbstliebe

Stellt man in Gegenwart anderer seine Selbstliebe nicht zurück, dann hat man die Chance, seine inneren Begabungen ohne Furcht und falsche Scheu zu zeigen. Je mehr man sich selbst liebt, desto mehr kommt man aus sich selbst heraus. Je mehr man aus sich selbst herauskommt, desto mehr können andere den Menschen lieben, der man wirklich ist, statt des Bildes, das man nach außen projiziert oder der Maske, die man trägt. Und je mehr man von anderen geschätzt und geliebt wird, desto mehr kann man wieder sich selbst lieben. So entsteht eine Spirale immer größerer Liebe und eines immer wahrhaftigeren Selbstausdrucks.

Ich liebe mich selbst mehr.
  Ich drücke mich selbst mehr aus.
    Die Menschen können mich mehr lieben.
      Ich liebe mich selbst mehr.

Liebt man sich dagegen nicht, und maskiert man sein wahres Selbst, dann verläuft die Spirale in der entgegengesetzten Richtung, und die Liebe und der Selbstausdruck nehmen immer mehr ab:

Ich liebe mein wahres Selbst weniger.
  Ich drücke mein wahres Selbst weniger aus. (Ich trage eine Maske.)
    Die Menschen können mein wahres Selbst weniger lieben.
      Ich liebe mein wahres Selbst weniger.

Wenn Sie anfangen, sich selbst mehr zu lieben, können Sie Ihre inneren Begabungen besser zeigen. Dann fällt es auch anderen leichter, Sie zu lieben.

Sich selbst immer mehr zu lieben verleiht die Fähigkeit, auch andere mehr zu lieben und zu schätzen. Die Welt verändert sich und wird wie ein großer Spiegel, in dem man sich selbst betrachten kann. Jeder Mensch sieht die Welt durch eine anders gefärbte Brille, deren Farbe davon abhängt, wie man sich selbst wahrnimmt.

Liebt man sich selbst, kann man auch andere lieben.

Die Welt zeigt uns wie ein Spiegel, wer wir sind.

Wer die Welt hasst, hasst sich selbst.

Wer die Welt hasst, hasst sich selbst. Wenn man an anderen etwas auszusetzen hat, dann ist es in aller Regel etwas von einem selbst, das man an anderen Menschen wahrnimmt und ablehnt. Lernt man, sich selbst zu lieben und man selbst zu sein, dann hat man den ersten Schritt getan, um auch andere akzeptieren, schätzen und lieben zu können und dadurch zu einer Bereicherung der eigenen Beziehungen zu kommen.

Um uns nun wieder auf den Weg zurück zur Selbstliebe zu machen, wollen wir zunächst einen Blick darauf werfen, wie alles anfing.

Wie alles anfing

Jeder Mensch ist mit einem unendlichen Vorrat an Selbstliebe geboren. Selbstliebe ist eine Eigenschaft, die jedes Baby in natürlicher Weise besitzt. Wer hätte je ein Baby gesehen, das keine Liebe und Aufmerksamkeit gewollt und nicht deutlich gezeigt hätte, wenn es vernachlässigt wurde? Könnte man sich ein Baby vorstellen, das sagen würde: »Gib mir etwas Luft, du erstickst mich mit deiner Liebe?«

Alle Menschen haben sich selbst als Kinder geliebt und akzeptiert. Erst als Erwachsene scheuen sie sich, dies zu zeigen oder auch nur zuzugeben. Sie haben gelernt, dass es sehr gefährlich sein kann, in Gegenwart anderer Selbstliebe zu zeigen, und dass es deshalb ratsam ist, die Selbstliebe zu verbergen. Ich habe festgestellt, dass Kinder und Jugendliche fünf unbewusste Botschaften empfangen, durch die sie den Rest ihres Lebens daran gehindert werden, sich selbst wirklich zu lieben. Diese fünf Botschaften sind:

▷ Es ist nicht in Ordnung, sich selbst zu schätzen.
▷ Es ist nicht in Ordnung, Wünsche zu haben.
▷ Es ist nicht in Ordnung, man selbst zu sein.
▷ Es ist nicht in Ordnung, Fehler zu machen.
▷ Es ist nicht in Ordnung, sich auszudrücken.

Es ist in Ordnung, sich selbst zu schätzen

In der Kindheit und Jugend lernen wir, dass es nicht in Ordnung ist, uns selbst zu lieben und zu schätzen. Wir lernen, dass dies eitel ist, und Eitelkeit ist etwas Negatives. Wir hören, dass es gefährlich ist, zu zeigen, wie sehr man sich selbst liebt, weil man dafür kritisiert wird.

Stellen Sie sich einmal vor, dass Sie auf eine Party gehen

Sich selbst zu lieben kann sehr riskant sein.

und jemand auf Sie zukommt und sagt: »Hallo, Sie sehen ja wirklich blendend aus.« Würden Sie dem Betreffenden dann einfach Recht geben und sagen: »Ich weiß, ich sehe heute Abend ziemlich gut aus«? Dann würde sich Ihr Gegenüber wohl pikiert abwenden.

In unserer Gesellschaft lernen wir, dass offen zur Schau

Viele Menschen haben gelernt, dass man von anderen nicht geliebt wird, wenn man sich selbst zu sehr liebt.

getragene Selbstliebe den Vorwurf des Egoismus und der Arroganz nach sich zieht und zu Ablehnung führt.

Um also Liebe und Unterstützung zu bekommen, gewöhnen wir uns an, unsere Selbstliebe zu verbergen, und vielleicht sogar, uns schlecht zu machen. Allmählich glauben wir dann sogar selbst an das, was wir uns einreden, bis wir schließlich unsere Selbstliebe verdrängt und vergessen haben.

Es ist in Ordnung, Wünsche zu haben

In der Kindheit lernen wir auch, dass die Welt nicht für uns allein da ist und dass wir nicht alles haben können, was wir

Wir lernen sehr früh, Schuldgefühle wegen unserer Wünsche zu haben.

wollen. Uns wird das Gefühl anerzogen, dass wir selbstsüchtig und schlecht sind, weil wir mehr wollen, als wir schon haben. Um also gut zu sein und geliebt zu werden, versuchen wir unsere Wünsche zu unterdrücken. Die Folge ist, dass wir wie ein Roboter den Wünschen anderer folgen, um von ihnen akzeptiert und geliebt zu werden. Vielleicht fangen wir sogar an, Schuldgefühle wegen unserer Träume und Wünsche zu haben, weil wir sie für »selbstsüchtig« halten.

Es ist in Ordnung, man selbst zu sein

Kindern wird oft beigebracht, dass sie sich Liebe »verdienen« müssen. Daraus ziehen sie den Schluss, dass ihr Wert nicht in ihnen selbst liegt, sondern in etwas Äußerem: ihrem Aussehen, ihren Handlungen, ihrem Erfolg oder ihrer Fähigkeit, immer das zu tun, was von ihnen erwartet wird. Macht man als Kind die Erfahrung, dass Liebe nach Belieben gegeben und entzogen wird, kommt man möglicherweise zu der Überzeugung, dass der eigene Wert von der Fähigkeit abhängt, anderen Menschen eine Freude zu machen und zu tun, was diese glücklich macht. Das Selbstwertgefühl hängt dann davon ab, wie sehr man von anderen akzeptiert und dafür geschätzt wird, dass man »gut« ist.

Viele Kinder lernen, dass man für Liebe bezahlen muss.

Weil man nicht vollkommen ist, kann man kein Lob akzeptieren und lernt mit der Zeit, angebotener Liebe zu misstrauen.

Es ist in Ordnung, Fehler zu machen

Kinder begreifen sehr schnell die Realität bedingter Liebe: Wenn sie brav sind, bekommen sie Liebe, wenn sie nicht brav sind und Fehler machen, wird sie ihnen entzogen.

Es gibt jedoch auch das andere Extrem, dass nämlich Eltern versuchen, ihren Kindern bedingungslose Liebe zu geben. Wenn diese Kinder sich schlecht benehmen oder in der Schule faul sind, ignorieren es die Eltern und tun so, als ob alles in Ordnung wäre. Das führt aber dazu, dass die Kinder unbewusst doch den Tadel oder den Ärger der Eltern spüren, ohne jemals die Gelegenheit zu bekommen, Nachsicht zu erfahren. In beiden Fällen spüren sie, dass sie nicht vollkommen sind, und wenn sie dann einmal ein Lob bekommen, glauben sie, es nicht verdient zu haben. Dadurch lernen sie, dem Lob anderer Menschen zu misstrauen und zugleich deren Tadel zu fürchten.

**Manche Menschen haben solche Angst vor Erfolg,
dass sie ihr Potenzial zuschütten.**

Es ist in Ordnung, sich auszudrücken

Hat man das Gefühl, zu seinen Eltern und zu Gleichaltrigen immer lieb und nett sein zu müssen, um ihre Liebe zu bekommen, dann verliert man mit der Zeit die Spontaneität des Selbstausdrucks. Man bemüht sich, wie andere Menschen zu werden, und versäumt dabei, seine persönliche Einzigartigkeit zu erkunden und auszudrücken.

Unterdrückt man sein inneres Potenzial, lebt man mit einem Gefühl der inneren Frustration und des Versagens, weil man sich von seinem Erfolgspotenzial abgeschnitten hat. Ein Teil des Selbst möchte sich ausdrücken, aber ein anderer Teil will Liebe und Zustimmung und opfert dafür den Selbstausdruck.

Dieser Versuch, nicht »man selbst« zu sein, um Liebe zu bekommen, hat eine unselige Konsequenz: Man verliert die Fähigkeit, Liebe von anderen wirklich anzunehmen.

Wenn nämlich ein einziger Teil von uns alle anderen Teile

Wenn man sich nicht selbst lieben kann, verliert man die Fähigkeit, Liebe von anderen anzunehmen.

verbirgt, und wenn wir so unser wahres Selbst verstecken, indem wir versuchen, wie die anderen zu sein, können wir der Liebe und der Wertschätzung anderer Menschen nicht mehr vertrauen. Wenn uns andere ihre Liebe gestehen, sagt eine leise Stimme in uns: »Schon recht, aber das würden sie nicht sagen, wenn sie mich wirklich kennen würden.«

Wir versuchen so sehr, anderen alles recht zu machen, aber wir wissen schon längst, dass unser wahres Selbst dabei gar nicht zum Vorschein kommt, und deshalb können wir Lob nicht unbeschwert genießen und Liebe nicht annehmen.

2. Wie wir uns verstecken

Die meisten Menschen legen sich bestimmte Verhaltensstrategien zu, um die Liebe und Anerkennung anderer Menschen zu erlangen. Diese Strategien werden bewusst oder unbewusst zu Rollen umgesetzt, die man spielt, oder zu Persönlichkeitstypen, die man repräsentiert.

In diesem Kapitel sollen einige der bekannteren Persönlichkeitstypen vorgestellt werden. In den meisten von ihnen oder vielleicht auch in allen wird man etwas von sich selbst entdecken. Bei jeder Kategorie gebe ich einige Hinweise, wie man aus diesen Rollen ausbrechen und sein wahres Wesen zum Vorschein bringen kann, das tief im Inneren verborgen ist. Natürlich können diese Hinweise nicht vollständig sein. Im Weiteren werde ich noch einige sehr wirksame Methoden schildern, wie man sich selbst und andere mehr lieben kann.

Streber

Diesen Menschen wurde schon als Kind eingeimpft, Leistung zu erbringen. Sie glauben, nur durch Leistung Liebe und Anerkennung zu erlangen. Sie versuchen stets, den Erwartungen anderer Menschen gerecht zu werden und stellen oft an sich selbst noch höhere Ansprüche. Sie stehen ständig unter dem Zwang, etwas zu erreichen, und gönnen sich keine Ruhe. Schwäche und Dummheit bei sich selbst

**Der Streber steht unter dem Druck, die in ihn gesetzten
Erwartungen zu erfüllen. Er gönnt sich keine Ruhe;
er muss Leistung zeigen.**

und anderen dulden sie nicht, und sie neigen zu Kritiksucht. Insgeheim plagt die Streber die Furcht, dass sie niemals gut genug sein können. Sie machen sich von Menschen und Positionen abhängig, weil eine geheime Angst vor Zurückweisung die Triebfeder ihres Handelns ist. Sie fühlen sich immer für alles verantwortlich.

Streber müssen sich entspannen, um zu entdecken, dass sie auch dann geliebt werden, wenn sie keine Höchstleistung bringen. Sie sollten öfter Urlaub nehmen und Liebesromane lesen. So erstrebenswert ist Bluthochdruck nicht – gönnen Sie sich mal eine Pause.

Streber müssen sich entspannen, um zu entdecken, dass sie auch geliebt werden, wenn sie Erwartungen nicht erfüllen.

Kritiker

Kritiker lieben es, an anderen herumzumäkeln und über deren Fehler zu klatschen. Es macht ihnen Spaß, die Menschen in ihrer Umgebung zu kritisieren und lächerlich zu machen. Aber oft hassen sie nur einen Teil von sich selbst und projizieren diese Eigenschaften auf andere. Wenn sie glauben, selbst getadelt zu werden, schlagen sie gleich mit sarkastischen Bemerkungen zurück. Für sie sind heftige kritische Angriffe die beste Verteidigung.

Kritiker entdecken und kritisieren an anderen, was sie an sich selbst nicht ausstehen können.

Kritiker können es nicht lassen, andere ändern zu wollen oder sie gar zu verletzen, weil sie unbewusst sich selbst ändern wollen. Sie lindern ihre eigene Empfindung der Unzulänglichkeit, indem sie anderen ihre Fehler vorhalten.

Wenn Sie bei sich selbst solche Tendenzen feststellen, versuchen Sie, in sich selbst all das wahrzunehmen, das Sie an anderen verurteilen und kritisieren. Versetzen Sie sich in die anderen Menschen hinein, und überlegen Sie, inwieweit Sie ihnen ähneln. Verzeihen Sie sich selbst und den anderen ihre Unvollkommenheiten. Üben Sie sich einmal darin, statt der Gründe für eine Distanzierung Gründe für eine Verbundenheit mit anderen zu suchen.

Aufschneider

Diese Menschen kompensieren ihr schwaches Selbstwertgefühl dadurch, dass sie immer übertreiben. Sie haben als Kinder die Erfahrung gemacht, dass sie alles aufblähen mussten, um Aufmerksamkeit zu bekommen. Aufschneider lügen nicht absichtlich – es geschieht bei ihnen ganz automatisch. Selbst wenn die Wahrheit schon Aufsehen erregend genug ist, müssen sie sie noch steigern.

Aufschneider haben gelernt, Aufmerksamkeit zu erreichen, indem sie alles übertreiben und aufblähen.

Aufschneider müssen lernen, in ihren Äußerungen wahrhaftig zu sein. Nur dann können sie die Erfahrung machen, dass sie trotzdem geliebt werden.

Tief in ihrem Inneren haben Aufschneider das Gefühl, keine Liebe und Aufmerksamkeit verdient zu haben. Sie glauben, dass die Wahrheit nicht ausreicht, um die Anerkennung zu erlangen, die sie brauchen.

Aufschneider können sich aber der Liebe anderer niemals sicher sein, denn tief in ihrem Inneren wissen sie, dass sie lügen. Je größer die Nähe zu anderen Menschen wird, desto stiller und zurückhaltender werden sie. Und je mehr sie übertreiben, desto weniger trauen sie der Aufmerksamkeit und Anerkennung, die sie bekommen.

Aufschneider müssen lernen, in ihren Äußerungen ehrlich zu sein. Sie müssen jemanden finden, der sie wirklich mag und dem sie all die Lügen und Prahlereien gestehen können.

Wenn einem Opfer-Typ etwas Schlimmes zustößt, dann kann man sicher sein, dass es gründlich ausgekostet wird.

Nur so können sie die Erfahrung machen, dass sie so geliebt werden, wie sie sind. Aufschneider müssen das Vertrauen zu sich selbst und zu anderen wieder finden. Sie brauchen beständiges und ehrliches Feedback. Sich selbst gegenüber großzügig zu sein, hilft ihnen in keiner Weise.

Opfer

Diese Menschen haben in einem frühen Alter eine tiefe Verletzung erlitten und viel Mitgefühl erhalten. Opfer haben das Gefühl, Liebe und Unterstützung nur dann verdient zu haben, wenn ein großes Unglück oder eine Tragödie geschehen ist oder wenn sie zumindest über ein großes Unglück geredet haben. Stößt der Opferpersönlichkeit etwas Schlimmes zu, dann kann man sicher sein, dass dies gründlich ausgekostet wird.

Opfer-Typen müssen lernen, ihre innere Kraft zu entwickeln, indem sie Verantwortung übernehmen und dann ihren Zorn und schließlich Nachsicht auszudrücken.

Nette Menschen tun immer, was man angeblich von ihnen erwartet. Sie wissen gar nicht mehr, was sie selbst in Wirklichkeit wollen.

Es ist aber gefährlich, sich Liebe, Aufmerksamkeit und Zuwendung dadurch zu verschaffen, dass man seine Opfergeschichten erzählt. Die erlangte Zuwendung verstärkt dieses negative Verhaltensmuster nur. Wenn dann die Geschichten keine Aufmerksamkeit mehr finden, (er)findet man schnell eine neue. Manche Menschen werden tatsächlich krank, um mehr Liebe zu bekommen.

Opferpersönlichkeiten fühlen sich dem Leben gegenüber machtlos und versuchen anderen Menschen ihren Willen aufzuzwingen, indem sie ihnen Schuldgefühle machen. Sie

41

weigern sich, Verantwortung für ihr eigenes Leben zu übernehmen, weshalb andere sich unbewusst und ganz automatisch gedrängt fühlen, etwas für die Opferpersönlichkeit zu tun und sie glücklich zu machen. Opferpersönlichkeiten müssen lernen, ihre innere Kraft zu entwickeln, indem sie Eigenverantwortung für ihr Leben übernehmen. Sie müssen aufgestauten unterdrückten Zorn auflösen und lernen, anderen Menschen zu vergeben.

Nette

Diese Menschen sind immer gut gelaunt, fröhlich und angenehm. Sie sind äußerst umgänglich und haben viele Freunde und Bekannte. Nette Menschen haben in einem frühen

Nette Menschen müssen lernen, »nein« zu sagen.

Selbstgerechte Menschen können niemals zugeben, sich geirrt zu haben, weil sie glauben, dass sie dann nicht mehr geliebt werden.

Alter gelernt, dass Willfährigkeit mit einem Lächeln oder einer Umarmung belohnt wird. Sie unterwerfen sich bereitwilligst allen Regeln und Vorschriften. Sie tun immer, was von ihnen erwartet wird; sie wollen anderen zu Gefallen sein und sagen niemals nein. Nette Menschen werden nie wütend, sondern lernen, sich allen Situationen geschmeidig anzupassen und sich zu fügen. Sie fallen nie unangenehm auf.

An der Oberfläche sind nette Menschen glücklich. Sie sind zufrieden, Teil der Gruppe zu sein, aber im Inneren sind sie leer und einsam. Sie haben Angst davor, sie selbst zu sein und dadurch eine Ablehnung zu riskieren. Sie haben den Kontakt mit ihren wirklichen Wünschen und ihrem wahren

Wesen verloren. Sie machen alles richtig und verhalten sich gemäß den Regeln, aber insgeheim fühlen sie sich kontrolliert und betrogen, leblos und gelangweilt.

Nette Menschen sitzen in einer Falle: Sie können sich niemals wirklich öffnen, weil andere dann entdecken könnten, dass sie in Wirklichkeit gar nicht so nett sind. Durch Nettigkeit unterdrücken sie ihre ganz persönliche Einmaligkeit und werden so zu Nicht-Personen.

Nette Menschen müssen lernen, nein zu sagen und dies auch zu meinen. Sie müssen auch einmal ihrem Ärger Luft machen. Sie müssen das Risiko eingehen, den nicht ganz so netten Menschen in ihrem Inneren zum Vorschein kommen zu lassen, um so die Erfahrung machen zu können, dass sie trotzdem von anderen geliebt werden und diesen sogar näher sein können, weil sie sich jetzt nicht mehr zu verstellen brauchen.

Selbstgerechte

Diese Menschen haben gelernt, dass sie nicht geliebt werden, wenn sie etwas falsch gemacht haben. Um Liebe zu bekommen, versuchen sie nun unter allen Umständen alles richtig zu machen. Sie können niemals zugeben, einen Fehler gemacht zu haben, denn dies würde den schmerzlichen Verlust von Liebe bedeuten.

Selbstgerechte Menschen versuchen oft, andere Menschen ins Unrecht zu setzen, um selbst Recht zu behalten. Sie finden für alles eine rationale Entschuldigung. Sie können sogar richtige Gurus werden. Man sollte nie versuchen, mit selbstgerechten Menschen zu streiten, denn man handelt sich nur einen langen Vortrag darüber ein, warum sie Recht haben und man selbst Unrecht.

Selbstgerechte Menschen müssen lernen, ihr Bedauern auszudrücken, wenn sie einen Fehler gemacht haben.

Selbstgerechte Menschen müssen lernen, nach einem Fehler ihr Bedauern auszudrücken, selbst wenn sie eigentlich eine großartige Entschuldigung parat hätten. Rationalisierung und Rechtfertigung sind bei ihnen beliebte Methoden, um Gefühle zu vermeiden, insbesondere Schuldgefühle. Diese Menschen müssen die Erfahrung machen, dass sie von anderen auch dann geliebt werden, wenn sie einmal einen Fehler machen oder Unrecht haben.

Zornige

Diese Menschen sind überempfindlich. Zorn ist für sie ein Schutzwall, ein Abwehrmechanismus gegen alles Unangenehme. Zornige Menschen fühlen sich innerlich unzulänglich und glauben dauernd, sich schützen zu müssen. Um dieses Gefühl der Unzulänglichkeit zu kompensieren, sträuben sie sich, die Außenwelt als befriedigend zu akzeptieren. Nichts kann sie zufrieden stellen. Ihre eigene Unzulänglichkeit projizieren sie ständig nach außen, weshalb sie sich der Welt gegenüber frustriert und verbittert fühlen.

Zornige Menschen fühlen sich vom Leben betrogen und versuchen ständig, sich schadlos zu halten. Sie regen sich über jede Kleinigkeit auf und vergessen niemals auch nur das kleinste Unrecht. Sie freuen sich über die Mängel und Niederlagen anderer und reagieren auf vermeintliche und wirkliche Konkurrenten übertrieben gereizt.

Zornige Menschen fühlen sich vom Leben betrogen und versuchen dauernd, sich schadlos zu halten.

Diese Menschen können sich nicht von ihrem Zorn lösen, hinter dem sich aber nur ihre eigene Empfindung von Unzulänglichkeit und Verletztheit verbirgt. Sie müssen lernen, dass sie auch dann Liebe verdient haben, wenn sie in gewissen Bereichen unzulänglich sind. Sie sollten täglich die Liebesbriefübung praktizieren und sich um Nachsicht mit anderen bemühen. Indem sie lernen, andere zu lieben und ihnen zu verzeihen, lernen sie schließlich, auch sich selbst zu lieben und sich zu verzeihen.

Maskenträger

Diese Menschen sind schon in so viele Rollen geschlüpft, dass sie selbst nicht mehr wissen, wer sie eigentlich sind. Hinter jeder Maske kommt eine weitere zum Vorschein. Maskenträger stellen sich blitzschnell auf ihr Gegenüber ein. Auseinandersetzungen gehen sie aus dem Weg. Sie verstehen sich hervorragend darauf, andere zu beeindrucken, um deren Wertschätzung zu erlangen. Sie spielen die Rolle, die andere ihrer Einschätzung nach von ihnen erwarten, und werden dadurch zu Heuchlern.

Maskenträger haben vielleicht noch nie die Erfahrung gemacht, dass sie als diejenigen geschätzt wurden, die sie sind. Deshalb glauben sie, anders sein zu müssen, den Erwartungen anderer Menschen entsprechen zu müssen, um Liebe zu bekommen. Dies hat leider zur Folge, dass sie niemals die Liebe und Wertschätzung eines anderen akzeptieren können, weil sie tief in ihrem Inneren wissen, dass die anderen gar nicht erkannt haben, wer sie wirklich sind.

**Der Maskenträger hat so viele Rollen gespielt, dass er oft selbst
nicht mehr weiß, wer er ist; hinter jeder Maske kommt
eine neue zum Vorschein.**

Leichtgläubige

Diese Menschen sind hinsichtlich der Wahrheit so sehr von
anderen abhängig, dass sie ihren eigenen Gefühlen nicht
trauen. Sie haben in ihrer Kindheit und Jugend gelernt, dass
man Liebe erlangt, wenn man anderen Recht gibt und ihnen
glaubt. Hat man dieselbe Überzeugung, betrachtet einen der
Leichtgläubige als Freund, widerspricht man ihm, ist man sein
Feind. Der Leichtgläubige tritt gerne seine Macht und Verant-
wortlichkeit an andere ab, die Probleme für ihn lösen können.
Er erwartet, dass man ihn liebt, weil er einem Recht gibt. Enttäuscht man die unrealistischen Erwartungen eines Leicht-
gläubigen, entzieht er einem seine Liebe und Unterstützung.
   Der Leichtgläubige ist nie darüber hinweggekommen,

Der Leichtgläubige verlässt sich so sehr auf andere, dass er den Kontakt zur Wirklichkeit verliert.

dass seine Eltern nicht vollkommen waren. Er hat immer hohe Erwartungen, die aber regelmäßig enttäuscht werden, und dies wird so lange so bleiben, bis er anfängt, an sich selbst zu glauben.

Leichtgläubige müssen lernen, die Verantwortung für ihr eigenes Leben zu übernehmen und den Menschen zu verzeihen, von denen sie im Stich gelassen wurden. Sie müssen die Überzeugungen anderer Menschen kritischer betrachten und anhand ihrer persönlichen Erfahrung überprüfen. Sie müssen lernen, ihren eigenen Gefühlen, Sehnsüchten und Entscheidungen zu vertrauen.

Der Leichtgläubige muss üben, alles in Frage zu stellen und anhand seiner eigenen Erfahrungen zu überprüfen.

Schüchterne

Die Grundhaltung dieser Menschen gegenüber anderen ist Ängstlichkeit. Sie fürchten Kritik; sie fürchten, als Versager eingeschätzt und deshalb zurückgewiesen zu werden. Solche Menschen können großartige Musiker oder Bühnendarsteller sein, aber außerhalb der Bühne sind sie schüchtern und unsicher.

Schüchterne Menschen müssen lernen, Risiken einzugehen. Eine Übung für sie könnte darin bestehen, sich etwas

**Der Schüchterne reagiert auf Menschen grundsätzlich mit Furcht.
Er hat wenig Vertrauen, dass er geliebt werden wird.**

Wagemutiges auszudenken und dieses Risiko dann tatsächlich einzugehen, wodurch sie im Laufe der Zeit Selbstvertrauen aufbauen und ihre Scheu vor anderen Menschen überwinden können. Sie müssen mehr aus sich herauskommen und lernen, Vertrauen zu sich selbst und anderen zu haben.

Schüchterne müssen sich etwas Wagemutiges überlegen und es
dann tun, um so allmählich Selbstvertrauen zu entwickeln.

Angeber

Angeber glauben, mit ihren Taten und ihrem Besitz einen
Ausgleich für das schaffen zu können, was sie selbst nicht
sind. Sie versuchen, ihr mangelndes Selbstwertgefühl durch
Anhäufung von Besitz zu kompensieren, weil sie hoffen, dadurch die Aufmerksamkeit und Anerkennung zu gewinnen,
die sie so dringend brauchen. Für Angeber ist Geld ein Sym-
bol für Liebe, und ohne es befürchten sie, Liebe zu verlie-

Angeber glauben, dass sie durch Besitz ausgleichen können, was ihnen fehlt.

ren. Weil sie nicht um Liebe bitten können, versuchen sie, Liebe zu kaufen. Sie sind unfähig, Gefühle direkt mitzuteilen, und tun dies auf dem Umweg über Geschenke.

Leider kann ein Angeber niemals das Gefühl haben, die ihm entgegengebrachte Liebe wirklich verdient zu haben, weil er weiß, dass er nur wegen seiner Leistungen und wegen seines Besitzes geliebt wird, nicht um seiner selbst willen. Er fühlt sich oft ausgenutzt und nicht wirklich anerkannt.

Ein Angeber muss lernen und üben, seine Gefühle mitzuteilen und andere in sein Inneres blicken zu lassen. Er muss an seinem inneren Selbstbild arbeiten und sich weniger auf sein Äußeres verlassen. Dann kann er die Erfahrung machen, dass er um seiner selbst geliebt wird und nicht wegen der Dinge, die er hat oder tut.

Angeber müssen lernen, ihre Gefühle auszudrücken und andere in ihr Inneres blicken zu lassen.

Einzelgänger

Diese Menschen geben dauernd zu verstehen, dass sie auf niemanden angewiesen sind. Irgendwann in ihrer Kindheit bekamen sie nicht die Liebe und Anerkennung, die sie brauchten, weshalb sie sich einredeten, dass sie auch ohne sie auskommen könnten. Einzelgänger haben gelernt, mit sich selbst zufrieden zu sein. In Wirklichkeit sind sie ausgesprochen sensible und liebevolle Menschen, die zu oft verletzt wurden. Sie haben sich angewöhnt, gleichgültig zu sein, sich nicht auf ihre Gefühle einzulassen, denn dies wäre zu schmerzlich.

Einzelgänger haben Schuldgefühle, weil sie so viel Liebe brauchen. Deshalb verleugnen sie dieses Bedürfnis. »Ich

Einzelgänger haben irgendwann nicht die Anerkennung und Liebe bekommen, die sie brauchten, und daher beschlossen, darauf zu verzichten.

schaffe es schon alleine«, verkünden sie stolz. »Ich brauche euch nicht.« Aber weil sie ihre Bedürfnisse nicht klar ausdrücken, sind sie in Beziehungen immer enttäuscht und verletzt. Sie sehen auch nicht ein, warum sie für die Bedürfnisse des Partners zuständig sein sollen, weil sie ja auch ihre eigenen Bedürfnisse ablehnen. Für den Einzelgänger sind Bedürfnisse ein Zeichen von Schwäche.

Für diese Menschen ist es am bequemsten, Beziehungen aus dem Weg zu gehen und alleine zu bleiben. Je mehr sie ihre Bedürfnisse spüren, desto mehr sondern sie sich ab und ziehen sich zurück, womit sie auch die Liebe zurückweisen, die sie doch so dringend brauchen.

**Einzelgänger müssen über ihre Bedürfnisse und Wünsche reden.
Sie müssen anderen ihre geheimen Sehnsüchte und
Enttäuschungen mitteilen.**

Einzelgänger müssen lernen, ihre Bedürfnisse mitzuteilen und ihre Verletztheit und ihre Tränen zu zeigen. Sie müssen anderen ihre geheimen Erwartungen und Enttäuschungen offenbaren. Wenn sie den Drang verspüren, sich in den Schmollwinkel zurückzuziehen, müssen sie jemanden suchen, den sie mögen und dem sie ihre Gefühle anvertrauen können. Für Einzelgänger ist es wichtig zu erfahren, dass Bedürftigkeit keine Schande ist, und sie müssen Menschen in ihrem Leben finden, die ihr Bedürfnis nach Liebe und Zuwendung befriedigen können.

**Märtyrer haben gelernt, dass Liebe bedeutet,
sich für andere aufzuopfern.**

Märtyrer

Diese Menschen haben gelernt, dass Liebe bedeutet, sich für andere aufzuopfern. Die Eltern solcher Menschen haben diese vielleicht immer spüren lassen, wie viel sie selbst opfern mussten, und dass sie dies auch von ihren Kindern erwarten. Für sie ist Liebe etwas sehr Beschwerliches, weil sie bedeutet, immer tun zu müssen, was man gerade nicht tun will, oder wegzugeben, was man gerade gern behalten möchte.

Märtyrer können niemals sein, was sie gerne sein möchten, weil sie das für selbstsüchtig halten. Für sie gibt es kein selbstloses Geben, denn es steht immer die Erwartung dahinter, dass ihnen dies mit Gleichem vergolten wird. Märtyrer erwarten, dass der Adressat ihrer Liebe dieses Geschenk mit einem gleichermaßen schmerzlichen Opfer vergilt. »Ich habe für dich gelitten, also musst du für mich leiden.« Für sie ist Leiden eine Tugend und der Ausdruck wahrer Liebe.

Märtyrer müssen lernen, die schwere Last von ihrer Liebe und ihren Beziehungen zu nehmen. Sie müssen aufgestauten, unterdrückten Zorn und Groll gegenüber ihren Eltern und anderen Menschen heilen und diesen verzeihen, dass sie ihnen die Last von Schuldgefühlen aufgebürdet haben. Sie müssen lernen, Liebe großzügig zu geben, ohne ein gleichwertiges Opfer zurückzuerwarten; gleichzeitig ist es für sie wichtig, nicht ständig ihre eigenen Bedürfnisse und Wünsche zurückzustellen.

Märtyrer müssen Liebe und Beziehungen von der schweren Last befreien, mit der sie sie befrachtet haben.

Du liebe Güte, ich glaube, ich erkenne mich in allen wieder.

Wie erfolgreich verstecken Sie sich?

Wir wollen nun sehen, wie gut Sie abschneiden. Geben Sie sich Punkte auf einer Skala von 1 bis 5 für jeden Persönlichkeitstyp, wobei »1« bedeutet, dass Sie diese Rolle selten, und »3«, dass Sie sie oft spielen; »5« heißt, dass die Beschreibung genau zutrifft. Um sich noch besser mit diesen Persönlichkeitstypen vertraut zu machen, kann man auch Punkte für seine Verwandten und Freunde verteilen. Je mehr man diese Persönlichkeitstypen in anderen erkennt, desto besser kann man sie in sich selbst wahrnehmen und ändern.

	Selbst	Vater	Mutter
Streber			
Kritiker			
Aufschneider			
Opfer			
Nette			
Selbstgerechte			
Zornige			
Maskenträger			
Vertrauensselige			
Schüchterne			
Angeber			
Einzelgänger			
Märtyrer			

Nun, wie haben Sie abgeschnitten? Und wie Ihre Familie?

Merke: Solange man nicht weiß, was man tut, kann man auch nichts daran ändern.

3. Was geschieht in Beziehungen?

Es ist einfach, sich zu verlieben. Viel schwieriger ist es, verliebt zu bleiben. Alle Menschen wollen, dass die Liebe Bestand hat. Alle Menschen sehnen sich danach, immer glücklich zu sein. Niemand heiratet und sagt zu seinem Partner: »Hör mal Schatz, ich habe mir etwas überlegt. Heiraten wir,

Niemand verliebt sich mit der Absicht, diese Liebe wieder sterben zu lassen. Aber es geschieht, und wenn es geschieht, tut es weh.

und machen wir uns zwei oder drei wunderschöne Jahre miteinander. Dann haben wir einander satt und lassen uns scheiden. Was hältst du davon?« Oder: »Schatz, lass uns zusammenziehen und fünf Jahre lang viel Spaß im Bett haben. Dann fangen wir an zu streiten, ärgern uns über einander, haben ein paar Affären und trennen uns dann.«

Niemand verliebt sich und nimmt sich vor, die Liebe wieder sterben zu lassen. Aber es geschieht, und wenn es geschieht, dann tut es weh.

Warum es schief geht

Etwa jede zweite Ehe endet heute mit der Scheidung. Und von den Paaren, die beisammen bleiben, sind sehr viele nicht mehr miteinander glücklich, auch wenn die Ehe nicht offiziell geschieden ist.

Dies ist eine sehr unerfreuliche Tatsache. Sie bedeutet nichts anderes, als dass alle, die heute heiraten, sich mit fünfzigprozentiger Wahrscheinlichkeit wieder scheiden lassen. Man braucht also kein Spieler zu sein, um zu erkennen, dass die Angelegenheit sehr riskant ist. Kaum jemand würde Geld in eine geschäftliche Transaktion stecken, wenn die Wahrscheinlichkeit eines Totalverlusts bei fünfzig Prozent läge. Trotzdem gehen die meisten Menschen immer wieder eine Beziehung ein, ohne eine Ahnung zu haben, wie sie auf der Seite derjenigen bleiben können, die »Glück haben«.

Es gibt zwar kein Patentrezept für das Gelingen einer Beziehung, aber man kann zumindest lernen, wie man die Liebe lebendig erhält.

Sehen wir uns einmal die fünfzig-Prozent-Beziehungen näher an, die gut gehen. Man kann sich ja einfach einmal die Frage stellen, wie viele Paare man kennt, die man bewun-

**Wenn man mit seinem Partner nicht mehr zufrieden ist,
fängt man an, von einem anderen zu träumen.**

dert und die eine Beziehung haben, wie man sie selbst auch gerne hätte. Wahrscheinlich wird die Leserin oder der Leser einige Mühe haben, auf Anhieb eine Reihe guter Beziehungen zu nennen. Zwischen vierzig und siebzig Prozent der Verheirateten sind mit ihrem Partner nicht glücklich und ha-

Manche Menschen halten den Schein einer liebevollen Beziehung aufrecht, obwohl die Liebe längst erloschen ist.

ben Affären. Einer neueren Untersuchung zufolge haben Paare umso mehr Affären, je höher das Haushaltseinkommen ist. Dies zeigt klar, dass Geld jedenfalls nicht die Lösung für Eheprobleme ist. Der Traum von einem Haus, zwei Autos und einer glücklichen Familie endet allzu oft mit der Scheidung.

Darüber hinaus sind viele Menschen, die an ihrer Beziehung festhalten, gar nicht fähig, ihre Probleme wahrzunehmen und sich selbst und ihrem Partner gegenüber zuzugeben, dass ihnen etwas fehlt. Sie tun so, als ob sie glücklich seien, während sie in Wirklichkeit wütend, traurig oder bloß abgestumpft sind. Sie müssen so tun, als wäre alles in Ordnung, weil es zu schmerzlich ist, die Wahrheit einzugestehen. Sie scheuen sich, ihren Problemen ins Auge zu sehen, weil sie keine Lösung haben. Sie halten daher den schönsten Schein einer guten Beziehung aufrecht, während es in ihrem Inneren immer trostloser wird. Man ist wohl nirgendwo einsamer, als im Bett neben einem Menschen, der einen nicht mehr liebt oder den man selbst nicht mehr liebt. Immer wieder ist man dann überrascht zu hören, dass gute Bekannte sich getrennt haben oder sich scheiden ließen. An der Oberfläche schien alles in bester Ordnung zu sein – aber die Liebe war tot.

Wer selber Probleme hat, sucht sie gerne bei anderen.

Was kann man tun?

Die meisten Menschen haben keine Ahnung, wie sie Probleme in der Liebe und in ihren Beziehungen lösen können. Meist versuchen sie es dann mit einer der folgenden Vorgehensweisen.

Scheinbar am einfachsten ist es, die Probleme einfach zu ignorieren und zu hoffen, dass sie sich von selbst auflösen. Eine andere Haltung besteht darin, das Problem schönzure-

Auch wenn viele Menschen das glauben, sind Mittelmaß und Langeweile in Beziehungen keineswegs unausweichlich.

Manche Menschen ärgern sich, wenn sie zwei Verliebte sehen.

den und sich zu sagen, dass es eben so etwas wie eine ideale Beziehung nicht gibt und dass es unrealistisch und unreif ist, mehr zu erwarten. Oder man schiebt die Schuld auf den Partner. Die letzte Möglichkeit besteht darin, diesen Partner zu verlassen und sich einen anderen zu suchen, bei dem man aber über kurz oder lang wieder mit denselben Problemen konfrontiert ist. Manche Menschen wechseln dauernd ihren Partner, um so Konflikten und Problemen aus dem Weg zu gehen. Wieder andere halten es für das kleinere Übel, eine schlechte Beziehung auszuhalten, als das Risiko einer neuen einzugehen, und sie resignieren einfach.

Man hört oft: »Ich liebe meinen Partner, aber ich bin nicht mehr in ihn verliebt.« Die typische Antwort, die Freunde, Bekannte und sogar viele Psychologen hierauf geben, lautet: »Aber das ist doch unreif. Man muss den Tatsachen ins

Lange bevor man seine erste Liebesbeziehung hat, ist man schon grundsätzlich konditioniert.

Auge sehen – Verliebtheit kann nicht ewig dauern. Es ist nun mal so, dass man in der Ehe Leidenschaft gegen Sicherheit eintauscht.« Aber im Gegensatz zu dieser weit verbreiteten Meinung können Liebe und Verliebtheit sehr wohl Bestand haben. Der Endzustand von Beziehungen muss nicht unausweichlich Langeweile und Mittelmaß sein. Die Flamme der Liebe und Begeisterung, die am Anfang brannte, kann weiterbrennen und sogar noch heller werden.

Man braucht sich nur einmal ein Paar vorzustellen, das ganz verrückt nacheinander und sehr verliebt zu sein scheint. Die meisten Menschen nehmen dann an, dass sie sich gerade erst begegnet sind oder dass sie eine Affäre miteinander haben. Diese negative Konditionierung hinsichtlich der Dauerhaftigkeit der Liebe wird den Menschen schon sehr früh eingeimpft.

Von wem lernt man zu lieben?

Vielleicht hören Sie es nicht gerne, aber wir lernen Liebe und den Umgang mit Beziehungen in der Kindheit und Jugend durch Beobachtung unserer Eltern. Der größte Teil dieser »Erziehung« geschieht vor dem siebten Lebensjahr, und bis heute weiß man von diesem Einfluss praktisch nichts.

Hat man erlebt, dass die Eltern einander belogen, dann lernte man dadurch ebenfalls zu lügen. Hat man mitbekommen, wie sie ihre wahren Gefühle verbargen, dann lernt man ebenfalls, seine Gefühle zu verbergen. Hat man erlebt, wie sie sich aneinander rächten, dann hat man gelernt, sich ebenfalls zu rächen und dem Partner seine Liebe vorzuenthalten. Lange bevor man seine erste echte Liebesbeziehung hat, ist man schon gründlich konditioniert, und leider ist es so, dass diese Konditionierung mehr darüber beinhaltet, wie man nicht liebt und kommuniziert, als darüber, wie man liebt und seine Gefühle in einer vernünftigen Weise mitteilt. *Möchten Sie die Beziehung Ihrer Eltern wiederholen?*

Liebe neu lernen

Wenn man eine bessere Beziehung haben möchte als seine Eltern, wenn man etwas von der Liebe haben möchte, dann muss man daran arbeiten. Dies beginnt mit der Einsicht, dass man Liebe lernen muss, und wenn man sich umsieht, erkennt man, dass man diesbezüglich nicht allein ist. Man muss seinen Stolz aufgeben und das tief im Inneren vorhandene Bedürfnis nach Intimität, Wertschätzung und Liebe wahrnehmen. Die beste Haltung ist dabei, einmal so zu tun, als ob man überhaupt nichts von der Liebe wüsste.

Die Bereicherung von Beziehungen ist eine Kunst und eine Wissenschaft wie Brücken bauen, Kochen oder ein Instrument spielen. Man braucht Geschick und tägliche Übung. Wie alle Kunst und alle Wissenschaft erscheint die Bereicherung von Beziehungen zunächst als etwas Geheimnisvolles,

Wenn man daran arbeiten will, dass eine Liebe gelingt, muss man sich zunächst eingestehen, dass man einiges darüber lernen muss.

als etwas völlig Unverständliches, bis man es durch Übung zu beherrschen gelernt hat. Dann wird es zur zweiten Natur.

In meinen Seminaren habe ich tausende von Menschen gelehrt, wie man zu einer erfüllteren Beziehung gelangt. Wer in einer offenen Haltung und mit gutem Willen die nachfolgenden Ratschläge beherzigt, wird es zum Meister der Liebe bringen!

Die Beziehungen bereichern

Jeder Mensch ist ständig bewusst oder unbewusst bemüht, seine Beziehungen zu verbessern. Wie gleichgültig sich jemand auch geben mag, so steckt doch unter der rauen

Hinter jeder rauen Schale verbirgt sich ein weicher Kern, der lieben und geliebt werden möchte.

Viele Menschen geben es frustriert auf, an einer Verbesserung ihrer Beziehung zu arbeiten, weil sie nicht wissen, wie man es richtig machen kann.

Schale ein weicher Kern, der lieben und geliebt werden möchte. Hinter jedem Antrieb und Handeln steht der Wunsch nach Liebe und Wertschätzung und das Verlangen, sich anderen Menschen mitzuteilen.

Aber wenn nun jeder versucht, seinen Mitmenschen liebevoll zu begegnen, warum gehen dann so viele Beziehungen in die Brüche und werden so viele Familien auseinander gerissen? Warum gibt es so viele einsame Menschen in der Welt? Warum tun Menschen einander weh?

Es liegt daran, dass Liebe und gute Absichten allein nicht genügen. In meiner langjährigen Praxis als Paartherapeut habe ich festgestellt, dass mit den Menschen, die zur Beratung zu mir kamen, im Grunde alles in Ordnung war. Nur die Methoden stimmten nicht, mit denen sie versuchten, ihre Beziehungen erfüllender zu gestalten.

Die meisten Menschen unternehmen irgendwann einmal den Versuch, an ihren Beziehungen zu arbeiten, und am Ende sind sie frustriert und verzweifelt. Oft wird es immer schlimmer, je mehr sie versuchen, ihre Beziehung in Ordnung zu bringen, weil sie über keine brauchbaren Kommunikationsfähigkeiten verfügen. Dies führt dazu, dass Probleme nicht wahrgenommen werden und sich im Laufe der Zeit verschärfen. Oft nehmen Menschen den Zustand ihrer

Je mehr man versucht, sich zu ändern, um es anderen recht zu machen, desto weniger kann man den Menschen lieben, der man selbst in Wirklichkeit ist.

Solange die Arbeit an uns selbst durch Selbsthass motiviert ist, kann dadurch niemals Liebe entstehen.

Beziehungen als unvermeidlich hin, weil sie keine praktikable Lösung haben. Es bleibt ihnen nichts anderes übrig, als sich damit abzufinden oder aber es mit einem neuen Partner zu versuchen.

Auf unbefriedigende Beziehungen reagieren viele Menschen mit dem Versuch, sich ändern zu wollen, weil sie hoffen, dass dadurch alles besser wird. Aber ob man im eigenen Leben mehr Liebe findet, hat nichts damit zu tun, ob jemand sich selbst ändert oder andere zu ändern versucht. Es ist sogar so, dass man damit eher das Gegenteil erreicht. Je mehr ein Mensch versucht, sich so zu verhalten, wie er glaubt, dass es richtig sein könnte, desto weniger kann er sich selbst zum Ausdruck bringen und umso schwieriger wird es für ihn selbst und für andere, ihn zu lieben.

Es ist in Ordnung, sich ändern zu wollen, aber dies darf nicht dazu führen, dass man nicht mehr derjenige ist, der man wirklich ist. Solange der Wunsch nach einer Veränderung von Selbsthass motiviert ist, kann daraus keine Liebe entstehen. Vielleicht erlangt man damit mehr Macht, bekommt eine bessere Stelle oder gewinnt sogar neue Freunde. Aber Selbstliebe entsteht dadurch nicht. Man kann vielleicht andere davon überzeugen, dass man ihre Liebe verdient hat, aber tief im eigenen Inneren bleibt das Gefühl, dass man nicht wirklich als derjenige geliebt und akzeptiert wird, der man ist.

Oft sagt man zwar die Wahrheit, lässt aber wichtige Teile weg. Die ganze Wahrheit zu sagen ist mehr, als nicht zu lügen.

4. Der Schlüssel:
Die ganze Wahrheit sagen

Nachdem ich elf Jahre lang mit wechselndem Erfolg versucht hatte, Verfahrensweisen für die Änderung von Verhalten zu erarbeiten, entdeckte ich schließlich den Schlüssel zu dem Geheimnis, wie man lernt, sich selbst zu lieben und eine erfüllte Beziehung aufzubauen:

Man muss fähig sein, die ganze Wahrheit über sich selbst und die eigenen Gefühle mitzuteilen und auszudrücken.

Die ganze Wahrheit zu sagen ist etwas anderes, als ehrlich zu sein oder nicht zu lügen. Oft sagt man die Wahrheit, lässt aber wichtige Teile weg. Oder die Wahrheit behagt einem nicht, weshalb man eine neue Wahrheit erfindet.

▷ Haben Sie je gelächelt, wenn Sie in Wirklichkeit wütend waren?
▷ Haben Sie je bösartig und wütend gehandelt, während Sie in Wirklichkeit Angst hatten?
▷ Haben Sie jemals gelacht und etwas bagatellisiert, obwohl Sie sich sehr traurig und zurückgestoßen fühlten?
▷ Haben Sie jemals einem anderen die Schuld gegeben, obwohl Sie sich selbst schuldig fühlten?

Das meine ich mit »Nicht die ganze Wahrheit sagen«.

**Die meisten Menschen verstehen sich meisterhaft darauf,
ihre wahren Gefühle zu verbergen.**

Es ist außerordentlich wichtig, dass man die ganze Wahrheit
über seine Gefühle mitteilt. Dies ist der erste Schritt, um
emotionale Spannungen abzubauen und zu erfüllteren Beziehungen mit anderen zu gelangen. Bevor man die Wahrheit über seine Gefühle mitteilen kann, muss man natürlich
erst einmal wissen, was man überhaupt fühlt.

Wir Menschen sind Experten darin, die Wahrheit über unsere Gefühle zu verbergen. Dies führt dazu, dass wir unsere
wirkliche Persönlichkeit unterdrücken. Manchen gelingt es
sogar so gut, die Wahrheit vor sich selbst zu verheimlichen,
dass sie an ihre eigenen Lügen glauben. Allmählich verliert
man dadurch aber den Kontakt zu seinen tatsächlichen Ge-

Die Fähigkeit zu lieben ist direkt proportional zur Fähigkeit, die ganze Wahrheit zu sagen.

fühlen, und selbst wenn man dann einmal ehrlich sagen möchte, was im Inneren vor sich geht, ist man dazu nicht mehr in der Lage.

Die Fähigkeit, Liebe zu fühlen, ist direkt proportional zur Fähigkeit, die ganze Wahrheit zu sagen. Je aufrichtiger man ist, desto mehr Liebe erfährt man. Ehrliche Beziehungen mit einer unmittelbaren und effektiven Kommunikation sind die Quelle wachsender Liebe und Selbstachtung. Oft wählen Menschen Beziehungen gezielt aus, um sich vor der Wahrheit zu schützen. Sie halten gewissermaßen ein Schild mit einem Angebot hoch: »Du sagst mir die Wahrheit nicht, und ich sage dir die Wahrheit auch nicht.« Solche Beziehungen können recht problemlos sein, aber eine Steigerung der Selbstliebe und des Selbstwertgefühls ist in ihnen nicht möglich.

Der Eisberg-Effekt

Wenn man in seinem Leben die vollständige Wahrheit sagen will, muss man zunächst einmal wissen, worin sie besteht. Die meisten Menschen wissen dies aber nicht. Das ist der Eisberg-Effekt.

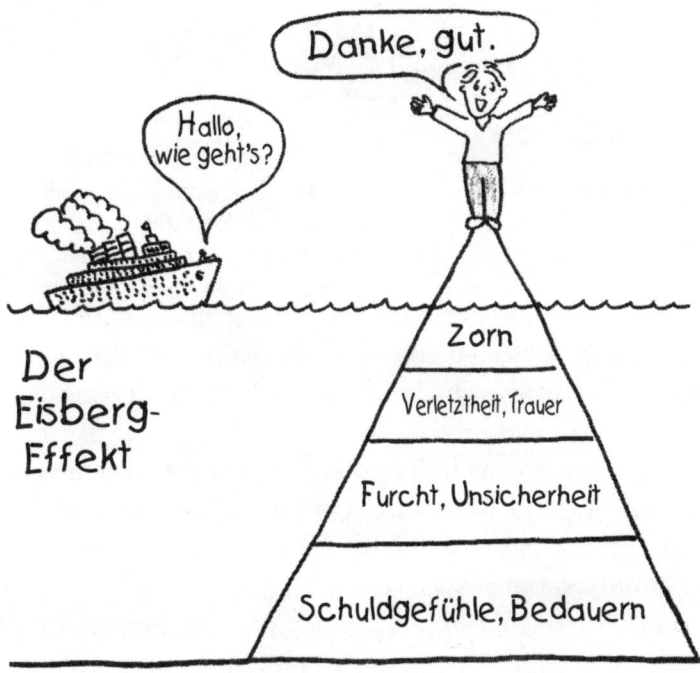

Emotionen sind wie ein Eisberg; normalerweise zeigt man nur einen kleinen Teil davon. Der Rest bleibt im Verborgenen.

Verdrängung führt dazu, dass man nicht mehr spontan fühlt und zu überlegen beginnt, wie man sich fühlen soll.

Von einem Eisberg sieht man immer nur ein Zehntel; neun Zehntel bleiben unter der Oberfläche. Mit den Emotionen verhält es sich ähnlich. Die meiste Zeit ist nur ein Bruchteil der wirklichen Gefühle dem eigenen Bewusstsein gegenwärtig, während der größte Teil der Emotionen verborgen bleibt. Es ist deshalb so schwierig, die ganze Wahrheit über die eigenen Gefühle mitzuteilen, weil sie einem selbst oft ein Geheimnis bleiben.

Im Herzen, nicht im Kopf leben

Die Verdrängung der Gefühle ist letztlich ein Schutzmechanismus, den wir im Laufe der Jahre entwickeln. Weil wir unfähig sind, mit der Wahrheit über die eigenen Emotionen zurechtzukommen und diese auszudrücken, gewöhnen wir uns an, diese Gefühle zu verbergen und zu hoffen, dass sie von selbst verschwinden. Wenn wir unsere Gefühle jahrelang zurückweisen und unterdrücken, entsteht das unselige Verhalten, dass wir automatisch alle bedrohlichen oder verwirrenden Emotionen verdrängen. Wir lassen nur noch Ge-

Verschüttete Emotionen müssen aufgedeckt werden, damit man sich wieder motiviert und zielstrebig sein kann.

fühle zu, die im eigenen Leben und dem der anderen keine Unruhe schaffen, um so Sicherheit zu erlangen und von anderen akzeptiert zu werden. So entfremden wir uns immer mehr von unseren eigenen Gefühlen. Wir fangen an, uns in unserem Kopf zu überlegen, was wir fühlen sollen, statt einfach und spontan aus dem Herzen zu fühlen.

Was fühlen wir wirklich?

Es ist für das innere Wachstum unerlässlich, dass wir unsere unterdrückten Emotionen freilegen. Untergegangene Emotionen verhindern den Kontakt mit dem, was wir wirklich sind, und dem, was wir wirklich wollen.

In meinen jahrelangen Forschungen über die menschlichen Emotionen habe ich eine universelle Landkarte der Gefühle entdeckt, mit der man das Labyrinth seiner Emotionen verstehen kann. Wenn man aufgebracht oder unfähig ist, mit einer gegebenen Situation fertig zu werden, erlebt man unbewusst verschiedene Gefühlsebenen gleichzeitig.

Diese Ebenen sind:

▷ *Zorn,* Vorwürfe und Groll
▷ *Verletztheit,* Trauer und Enttäuschung
▷ *Furcht* und Unsicherheit
▷ *Schuldgefühle,* Reue und Bedauern
▷ *Liebe,* Verständnis, Nachsicht und Verlangen.

Normalerweise ist man sich jeweils nur einer Emotion bewusst, aber die anderen sind immer ebenfalls vorhanden. Wenn man alle diese Ebenen vollständig erleben und ausdrücken kann, ist ein emotionaler Aufruhr leicht aufzulösen. Andernfalls besteht die Gefahr, dass man die mit diesem Aufruhr verbundenen Gefühle unterdrückt und sich mit

Die ganze Wahrheit hat immer viele Ebenen. Es ist völlig normal, wenn man widerstreitende Emotionen in sich fühlt.

einer Last befrachtet, die man von Beziehung zu Beziehung weiterträgt. Indem man alle negativen Emotionen ganz zum Ausdruck bringt, kann man spontan wieder Liebe und Verständnis erfahren.

Die meisten Kommunikationsprobleme entstehen dadurch, dass man nur einen Teil der Wahrheit preisgibt. Oft werden viele der tatsächlich vorhandenen Gefühle verschwiegen, und man spricht nur über eines, das an der Oberfläche liegt. Aber unter den negativen Emotionen liegen auch positive: Unter all dem Zorn und der Verletztheit liegt

Indem man alle seine negativen Emotionen ehrlich äußert, kann man spontane Liebe und spontanes Verständnis erfahren.

das Gefühl der Liebe und die Bereitschaft zu Nähe und Verbundenheit. Die Menschen, auf die man besonders wütend sein kann, sind gerade diejenigen, denen man am meisten zugetan ist. Wenn jemand etwas tut, das die Liebe zu dem Betreffenden stört, dann werden die ersten vier Emotionsebenen aktiviert. *Die Probleme entstehen dann, wenn man nur den Zorn oder die Verletztheit deutlich macht und vergisst, die vollständige Wahrheit auszudrücken, die auch die zugrunde liegende Liebe einschließt.*

Unter allen negativen Emotionen liegen Liebe und der Wunsch nach Verbundenheit. Die einzige Möglichkeit, diese Liebe freizulegen, besteht darin, die diese Liebe überlagernden Emotionen wahrzunehmen und auszudrücken. Nur so gelangt man an die reiche Quelle der Liebe und des Vertrauens im eigenen Herzen.

Unter all den negativen Emotionen wartet die Liebe nur darauf, hervorsprudeln zu können.

Festgefahren

Hatten Sie jemals das Gefühl, sich nicht von Ihrem Zorn lösen zu können, obwohl Sie nicht mehr zornig sein wollten?

Hatten Sie schon einmal das Gefühl, sich nicht von Empfindungen der Trauer, der Verletztheit oder der Niedergeschlagenheit lösen zu können, und nichts schien Sie aus dieser düsteren Empfindung herausreißen zu können?

Hatten Sie schon einmal das Gefühl, vor Furcht erstarrt zu sein, und wollte es Ihnen einfach nicht gelingen, dieser Furcht zu entrinnen?

**Wenn man nicht alle Ebenen seiner Gefühle vollständig äußert,
kann man auf einer Ebene stecken bleiben.**

Dies sind einige Beispiele dafür, was geschieht, wenn man
nicht alle Gefühle in seinem Inneren akzeptiert und ausdrückt. Die Unfähigkeit, das ganze Spektrum von Gefühlen
wahrzunehmen und zu äußern, führt dazu, dass man sich
von einer bestimmten Emotionsphase nicht lösen und seine
positiven Emotionen nicht vollständig fühlen kann.

Den meisten Menschen wird in ihrer Erziehung beigebracht,
dass sie nicht alle ihre Gefühle äußern dürfen. Kleine Jungen
hören: »Große Jungen weinen nicht – du musst stark sein.«
Es wird ihnen damit deutlich gemacht, dass es sich nicht gehört, Gefühle der Verletzlichkeit zu zeigen. Sie dürfen sich

Männern fällt es schwer, Verletztheit zu zeigen, weil sie selten die dafür nötige Unterstützung bekommen haben.

aber aggressiv verhalten, weil das angeblich männlich ist. Oft lernen sie, dass sie ihren Zorn zeigen dürfen, aber dass es nicht klug ist, Verletztheit oder Furcht zu zeigen, weil sie dann von anderen Jungen verspottet oder verprügelt werden.

Die Folge ist, dass solche Jungen sich als Erwachsene bei einer starken emotionalen Reaktion nicht von der Ebene des Zorns und der Vorwürfe lösen können, weil sie es für zu gefährlich halten, die anderen, verletzlicheren Ebenen auszudrücken. Oft bleibt bei Männern diese Empfindung des

Es ist schwierig, sich von seinem Zorn und seiner Frustration zu befreien, wenn man unfähig ist, seine Verletzlichkeit auszudrücken.

Zorns bestehen, bis sie sich Genugtuung verschafft haben, oder sie unterdrücken ihre Gefühle überhaupt, schließen sich ab und bleiben unzugänglich. Ich habe mit unzähligen Männern gearbeitet, die eine außerordentliche emotionale und physische Erleichterung erlebten, wenn sie die Möglichkeit bekamen, ihre Verletztheit, ihre Furcht und ihre Schuldgefühle auszudrücken. Sie konnten ihren Zorn loslassen und wieder ihre Liebe spüren. *Alle familiäre Gewalt ist das Ergebnis von nicht aufgearbeitetem Zorn.*

Leider ist einem Mann, wenn er sich bedroht fühlt, am allerwenigsten danach zumute, seine Verletztheit oder Furcht zuzugeben. Er tut also wahrscheinlich so, als ob es ihm gleichgültig wäre, was ihn aber letztlich daran hindert, von

88

seinem Zorn oder seiner Frustration loszukommen. Zornig zu bleiben ist eine der beliebtesten Methoden, sich gegenüber seiner Verletztheit und Traurigkeit zu behaupten. Die zornigsten Menschen, die ich kenne, sind diejenigen, die in ihrem Inneren am tiefsten verletzt sind. Je lauter sie schreien und brüllen, desto länger und heftiger würden sie weinen, wenn sie nur eine Gelegenheit dazu hätten. Wenn man merkt, dass man zorniger wird, als man eigentlich möchte, dann muss man wieder lernen zu weinen.

Indem man die Empfindung der Verletztheit und die Schuldgefühle ausdrückt, die sich hinter dem Zorn verbergen, kann man den Zorn wieder freisetzen, und die Liebe kommt wieder zum Vorschein.

**Viele Frauen können sich nicht von ihrer Verletztheit lösen,
weil sie ihren Zorn nie äußern durften.**

Bei den meisten Frauen verhält es sich gerade umgekehrt.
Kleinen Mädchen wird beigebracht, niemals Zorn und
Feindseligkeit zu zeigen. Es ist nicht in Ordnung, wütend zu
sein oder zu schreien – Papa mag das nicht, und ganz allgemein mögen Männer das nicht.

Dagegen lernen Frauen, dass sie Verletzlichkeit zeigen
dürfen. Sie können so lange und so viel weinen, wie sie wollen, und sie werden sogar darauf programmiert, ängstlich
zu sein. Wenn einer erwachsenen Frau also etwas Schmerz-
liches zustößt, neigt sie dazu, zu weinen und ängstlich zu
sein, aber sie zeigt ihren Zorn nicht offen. Weinen oder
auch laut geäußerte Kritik dient dazu, Zorn und Wut zu
verbergen. Weil aber diese Wut nicht zum Vorschein kom-

men und die Frau sich nicht aus ihrer Trauer lösen kann, entwickelt sich daraus manchmal eine Hysterie. Ich habe mit unzähligen Frauen gearbeitet, die sich nicht von Trauer und Verletztheit lösen konnten. Nachdem ich sie gelehrt hatte, wie sie Zorn äußern konnten, fühlten sie sich in wunderbarer Weise wieder lebendig, liebevoll und weniger kritisch.

Solange man nicht gelernt hat, seinen Zorn auszudrücken – natürlich in einer nicht-destruktiven Weise –, muss man sich immer wieder mit Furcht, Hoffnungslosigkeit oder Nieder-

Wenn man negative Emotionen unterdrückt, unterdrückt man auch seine Liebesfähigkeit.

geschlagenheit herumplagen. *Depression ist nicht intensive Trauer, sondern unterdrückter Zorn, der sich gegen einen selbst wendet.* Deprimierte Menschen fühlen sich müde und lustlos, weil sie ihre ganze Lebensenergie dafür verbrauchen, Zorn und Wut zu unterdrücken. Wenn man sehr deprimiert ist, muss man seine alten Beziehungen heilen. Dazu muss man zunächst seinem Zorn auf andere Ausdruck geben, dann seinem Zorn auf sich selbst und sich so durch die übrigen emotionalen Ebenen wieder bis zu seiner Liebe und Nachsicht vorarbeiten.

5. Was geschieht, wenn man nicht die Wahrheit sagt

Sagt man in einer Beziehung nicht die Wahrheit, dann hat dies ähnliche Konsequenzen, wie wenn man einer Pflanze kein Wasser gibt: Man tötet etwas, das einmal stark und lebendig war. Enthält man jemandem, den man liebt, die Wahrheit vor, dann wird man dem Betreffenden irgendwann einmal auch die Liebe vorenthalten. Unterdrückt man in einer Beziehung längere Zeit die Wahrheit, dann blickt man eines Tages zurück und fragt sich, wohin der ganze Zauber und der ganze Reiz verschwunden sind. Die Antwort lautet, dass die Liebe und der Zauber unter Bergen nicht ausgesprochener Emotionen begraben liegen. Man kann nicht einerseits seine negativen Empfindungen (Zorn, Furcht, Verletztheit, Schuldgefühle) verdrängen und andererseits erwarten, dass die positiven Emotionen lebendig bleiben. Stumpft man gegenüber den eigenen unerwünschten Emotionen ab, betäubt man damit auch seine positiven Emotionen.

Langfristige Unterdrückung negativer Emotionen führen dazu, dass man immer mehr die Fähigkeit verliert, auch positive Emotionen wie Freude, Begeisterung und Leidenschaft zu erleben. Das Wörterbuch definiert Leidenschaft als »intensives Gefühl«. Sooft man ein Gefühl unterdrückt, mit dem man sich nicht auseinander setzen will, zerstört man damit ein Stück der eigenen Empfindungsfähigkeit, und Schritt für Schritt tötet man die Leidenschaft in allen Beziehungen ab.

Verdrängung stumpft nach und nach die negativen und die positiven Gefühle ab.

Die vier Warnzeichen

Ich habe entdeckt, dass es in Beziehungen vier Warnzeichen gibt, durch die man darauf aufmerksam gemacht wird, dass sich die emotionelle Verbundenheit abschwächt und man mit Riesenschritten auf den Untergang der Liebe zusteuert. Diese vier Warnzeichen sind die unvermeidliche Konsequenz von Unwahrhaftigkeit.

Wenn man den Verlust der Liebe und der Empfindungen

in einer Beziehung vermeiden und die Leidenschaft lebendig erhalten will, muss man sorgfältig auf diese Warnzeichen achten. Sobald man eines von ihnen erkennt, muss man die uneingeschränkte Wahrheit bezüglich seiner Gefühle sagen. Die vier Warnzeichen sind:

▷ Widerstand
▷ Groll
▷ Ablehnung
▷ Verdrängung

Um die Liebe am Leben zu erhalten, müssen die vier Warnzeichen beachtet werden.

Der Tod einer Beziehung tritt in vier Stufen ein.

Widerstand

In jeder normalen Beziehung gibt es zwischen zwei Menschen ein gewisses Maß an Widerstand. Widerstand tritt auf, wenn man spürt, dass man etwas nicht ausstehen kann, was der andere tut, sagt oder fühlt. Man übt innerlich Kritik und stellt vielleicht fest, dass man sich etwas zurückzieht.

Ein Beispiel: Sie sind mit Ihrem Partner auf einer Party, und er fängt an eine Geschichte zu erzählen, die er auf Partys immer zum Besten gibt und die Sie schon hundertmal gehört haben. Diesmal spüren Sie, wie sich ein innerer Widerstand aufbaut, das Gefühl: »Oh nein, jetzt fängt er damit wieder an.«

Die meisten Menschen gehen mit Widerstand um, indem sie ihn ignorieren. Sie denken vielleicht: »Ach, das ist nicht so schlimm.« Oder: »Sei nicht so kritisch; schließlich ist niemand vollkommen.« Oder: »Vergiss es. Warum deswegen Theater machen?«

Wenn man die Wahrheit über seinen Widerstand verschweigt und diesen nicht mit seinem Partner auflöst, sammeln sich diese kleinen Widerstände an und verwandeln sich in Groll.

Groll

Groll ist eine aktive Ebene des Widerstands. Er stellt eine intensive, mit Vorwürfen verbundene Zurückweisung einer anderen Person wegen bestimmter Verhaltensweisen dar. Man fängt an, schon wegen Kleinigkeiten maßlos wütend zu werden. Wenn man seinen Partner die oben erwähnte Partyanekdote oft genug erzählen hört, ohne Widerstand zu formulieren, dann bleibt es nicht aus, dass man eines Tages bei dieser Geschichte nicht mehr nur Widerstand fühlt, sondern sich richtig darüber ärgert. Man sagt sich vielleicht: »Ich kann es nicht ausstehen, wenn er diese Geschichte erzählt; er macht sich damit so lächerlich.«

97

Zorn, Frustration, Hass, Rachegefühle, Gereiztheit, Aggressivität und Vorwürfe sind Symptome von nicht ausgedrücktem Groll.

Groll geht üblicherweise mit einer inneren Erfahrung des Ärgers und der Anspannung einher. Man geht emotional auf Distanz. Ärger, Frustration, Gereiztheit, Schärfe und Gehässigkeit sind die typischen Symptome für die zweite Stufe.

Wenn man nicht die Wahrheit über seinen Groll sagt und diesen gemeinsam mit seinem Partner auflöst, staut er sich auf und geht in das dritte Warnzeichen über, die Ablehnung.

Ablehnung

Ablehnung tritt auf, wenn sich so viel Widerstand und Groll aufgestaut haben, dass es nicht mehr möglich ist, emotional mit dem anderen verbunden zu bleiben und man sich zurückzieht. Man fühlt sich emotional und sexuell abgestoßen. Man sagt etwa: »Das Thema ist für mich erledigt«, geht aus dem Zimmer, stürmt aus dem Haus oder verschließt sich einfach und weigert sich, den anderen zur Kenntnis zu nehmen.

Die Anzeichen für Ablehnung sind: Man möchte nicht mit dem Partner zusammen sein. Man nimmt immer den gegenteiligen Standpunkt wie dieser ein, und man hat Phantasien über andere Partner und Seitensprünge. Ablehnung ist die natürliche Folge davon, dass man aufgestauten Groll mit sich herumschleppt. Sobald man in der Nähe seines Partners ist, fühlt man all den aufgestauten Ärger und Groll und muss ihn verdrängen, um etwas Erleichterung zu finden.

Auf dieser dritten Stufe geht es mit dem Sexleben rapide

Nicht ausgedrückter Groll verwandelt sich unvermeidlich in Ablehnung. Man möchte nicht mehr mit seinem Partner zusammen sein.

bergab. Man glaubt vielleicht, seinen Partner immer noch zu lieben, aber man fühlt sich nicht mehr zu ihm hingezogen, ist nicht mehr verliebt. Der Gedanke an Sex ruft Ablehnung oder Ekel hervor, oder das sexuelle Verlangen ist überhaupt erloschen.

Sofern man die Scheidung für eine Lösung hält, entscheidet man sich in dieser dritten Stufe für eine Trennung. Beendet man eine Beziehung in dieser Phase der Ablehnung, dann ist der Bruch sehr schmerzhaft und bitter.

Sagt man nicht die Wahrheit über die eigenen Empfindungen von Ablehnung, und löst man diese nicht gemeinsam mit seinem Partner auf, dann staut sich diese Ablehnung auf und geht in die nächste Ebene über, die Verdrängung.

Verdrängung
Verdrängung ist das gefährlichste der vier Warnzeichen. Sie tritt auf, wenn man durch die drei vorangegangenen Warnzeichen so sehr erschöpft ist, dass man alle seine negativen Emotionen verdrängt, um Ruhe zu haben und vor seiner Umgebung den Schein zu wahren. Auf dieser vierten Stufe sagt man sich: »Es lohnt sich nicht mehr, dafür zu kämpfen. Vergessen wir die ganze Sache. Ich habe keine Energie mehr dafür.«

Verdrängung ist ein Zustand emotionaler Abstumpfung. Man betäubt seine Gefühle, um noch ein erträgliches Leben führen zu können. Diese Abstumpfung strahlt jedoch auf das ganze übrige Leben aus. Man büßt seine Begeisterungsfähigkeit und Lebendigkeit ein. Das Leben wird vorhersehbar und langweilig; es tut nicht mehr weh, aber es macht auch keine Freude. Dies kann mit anhaltender körperlicher Müdigkeit einhergehen.

Das Trügerische am Zustand der Verdrängung liegt darin, dass es von außen so aussehen kann, als ob das betreffende

Nach der Ablehnung verdrängt man automatisch seine Frustration und tut so, als ob alles in Ordnung sei. Es ist einem alles egal.

Paar eine glückliche Ehe führen würde. Sie sind vielleicht höflich und zuvorkommend einander gegenüber und streiten selten, und man glaubt, dass in ihrer Beziehung alles in Ordnung ist, bis sie sich eines Tages plötzlich scheiden lassen.

Noch schlimmer ist es, wenn ein Paar seine Gefühle so sehr verdrängt hat, dass sie glauben, überhaupt keine Probleme zu haben. Sie haben ihre romantischen Jugendträume aufgegeben und sich in ihr Schicksal gefügt. Sie haben gelernt, was sie erwarten können und was nicht. Sie haben sich eingeredet, dass sie glücklich sind. Ein solches Paar hat ein großes Problem, denn solange sie sich nicht zu der Einsicht durchringen, dass sie etwas an ihrer Beziehung ändern müssen, bleibt diese Beziehung so, wie sie ist.

Bei jedem Streit durchläuft man die vier Warnzeichen.

Die vier Warnzeichen beschreiben nicht nur die Stufen des Untergangs der Liebe in einer Beziehung, sondern auch die Mechanik der Verdrängung von Gefühlen. Wenn man eine Emotion unterdrückt, durchläuft man diese vier Stufen. Verdrängt man seine Emotionen oft genug, dann tritt die Beziehung als Ganzes den Gang durch diese verschiedenen Stufen an.

Manche Menschen haben es im Verdrängen ihrer Gefühle zu einer solchen Meisterschaft gebracht, dass sie innerhalb von Augenblicken vom Widerstand zur Verdrängung fortschreiten können, ohne sich darüber jemals im Klaren zu sein. Es sei daran erinnert, dass die vier Warnzeichen für alle Beziehungen gelten, nicht nur für diejenigen mit einem Lie-

Manche Menschen sind so gut im Verdrängen, dass es ganz automatisch in Sekundenbruchteilen geschieht und sie es gar nicht mehr wahrnehmen.

bespartner, sondern auch für diejenigen mit Eltern, Kindern, Vorgesetzten, Freunden – und sogar für die Beziehung mit sich selbst.

Wenn man die ganze Wahrheit bezüglich seiner Gefühle äußert und zu der im Inneren vorhandenen Liebe zurückfindet, steigert man seine Liebesfähigkeit. Wenn man die ganze Wahrheit unterdrückt und automatisch seine Gefühle verdrängt, schadet man seiner Liebesfähigkeit.

Diese Sichtweise kann Ihnen den Blick für das freimachen, was Sie in der Vergangenheit falsch gemacht haben. Indem Sie die in diesem Buch vorgestellten Techniken, die ganze Wahrheit zu sagen, lernen und praktizieren, können

Die Wahrheit kann die ganze Fülle der Liebe im eigenen Herzen freisetzen.

Indem man die ganze Wahrheit äußert, kann man über die vier Warnzeichen zurückklettern und sich wieder lebendig und liebevoll fühlen.

Sie die Fähigkeit wieder erlangen, zu fühlen und zu lieben. Wenn Sie in einem der vier Warnzeichen festgefahren sind, helfen Ihnen diese Techniken, auf direktem Wege wieder zur Empfindung der Verliebtheit zurückzugelangen.

Manchmal wird es Ihnen durchaus nicht wie ein Fortschritt erscheinen, wenn Sie die ganze Wahrheit sagen. Aber zur Heilung verdrängter Gefühle müssen Sie den ganzen Weg zurückgehen, durch Verdrängung, Ablehnung, Groll und Widerstand. Wenn Sie das geschafft haben, sind Sie wieder frei für die Empfindung der Liebe.

Diese Entwicklung findet auch in der Behandlungspraxis autistischer Kinder eine Bestätigung: Drückt man einem autistischen Kind gegenüber Liebe aus, indem man es in den Arm nimmt, durchläuft es nacheinander die oben als Warnzeichen bezeichneten Gefühle: Zunächst reagiert es nicht; es weist die Liebe zurück und versucht wegzulaufen. Wenn man es weiter festhält, wird es außerordentlich wütend und versucht sich zu befreien. Im Laufe der Zeit schwindet dieser Widerstand immer mehr, und schließlich akzeptiert es die Umarmung voller Freude.

Wenn Sie anfangen, Ihren Partner mehr zu lieben, bleibt dieser vielleicht zunächst gleichgültig und lässt die liebevollen Annäherungsversuche an sich abprallen. Dann reagiert er vielleicht mit Zorn oder Ablehnung. Wenn Sie aber nicht locker lassen, dann wird Ihre Liebe plötzlich wieder aus ganzem Herzen erwidert werden.

Warum man Gefühle verdrängt

Jede Empfindung, die die Möglichkeit gefährdet, zu lieben und geliebt zu werden, löst einen Verdrängungsmechanismus aus. Wenn man glaubt, dass die eigenen Emotionen mit dem Selbstbild unverträglich sind, beginnt man sie zu verdrängen. Oder man verdrängt bestimmte Gefühle, die die eigenen Eltern niemals ausdrückten. Dies können Gefühle der Zärtlichkeit und Zuneigung, aber auch solche des Zorns sein.

In seinem Bewusstsein lässt man nur diejenigen Emotionen zu, die man gefahrlos ausdrücken zu können glaubt. Eine wichtige Rolle bei der Verdrängung spielen die eigenen Werturteile: Je nach dem persönlichen Hintergrund etikettiert man bestimmte Emotionen als gut oder schlecht, als

Gefühle, durch die man sich in die Gefahr bringen könnte, nicht mehr geliebt zu werden oder nicht mehr lieben zu können, werden leicht verdrängt.

richtig oder falsch. So glaubt man z. B., dass Dankbarkeit gut ist, Zwang oder Eifersucht dagegen schlecht.

Wenn man seine Emotionen begräbt, stumpft man allmählich gegenüber dem Leben und der Liebe ab.

Gefühle verschwinden nicht

Die meisten Menschen versuchen, ihre Gefühle unter Kontrolle zu bekommen, und setzen dazu oft Widerstand, Groll, Ablehnung und Verdrängung ein. Die Gefühle zu verdrängen heißt aber nicht, sie zu beseitigen. Gefühle kann man nicht beseitigen. Sie lassen sich nicht zum Schweigen bringen. Hat man endlich eine negative oder unangenehme Emotion »vergessen«, dann fühlt man sich vielleicht schon als Sieger, aber die Schlacht hat erst begonnen. Es ist ein ungeheurer Aufwand an emotionaler und physischer Energie erforderlich, um Gefühle zu unterdrücken. Das Leben wird zu einem einzigen Kampf um die Wahrung der Kontrolle.

Die Verdrängung von Gefühlen hat Auswirkungen auf die

Persönlichkeit, ob man will oder nicht, weil dadurch ein großer Teil des Verhaltens motiviert wird. Es gibt grundsätzlich drei unerwünschte Konsequenzen eines solchen Verhaltens:

▷ Man stumpft seine Fähigkeit ab, positive Emotionen zu haben.

▷ Man zeigt Überreaktionen gegenüber Menschen oder Situationen in der Gegenwart.

Verdrängte Gefühle verschwinden nicht: Sie suchen uns immer wieder heim.

Unterdrückte Gefühle stauen sich auf, bis man entweder irrational explodiert oder sie verdrängt und gegenüber seinen Gefühlen abstumpft.

▷ Es können körperliche Beschwerden auftreten, die durch die Anspannung bedingt sind, an verdrängten Emotionen festzuhalten.

Abstumpfung

Die Verdrängung bestimmter Gefühle führt im Laufe der Zeit zu einer Abstumpfung aller Gefühle. Das Herz wird kalt, und die innere Quelle der Liebe versiegt. Die kindliche Begeisterung für Leben, Lust und Liebe schwindet immer mehr. Die Kreativität nimmt rapide ab. Man wird zum teilnahmslosen Beobachter des Lebens. Die einzige Abhilfe besteht darin, Gelegenheiten zum Fühlen zu ergreifen und durch Zulassen aller Gefühle wieder lebendig zu werden.

Überreaktion

Verdrängte Gefühle können dafür verantwortlich sein, dass man unangemessen auf Menschen oder Situationen in seinem Leben reagiert. Aufgestaute Emotionen können dazu

Verdrängte Gefühle führen dazu, dass man auf Menschen und Umstände unangemessen reagiert.

führen, dass man sich irrational und reizbar verhält und bei Kleinigkeiten zu Wutausbrüchen oder Depressionsanfällen neigt. Das ganze Verhalten kann einschneidend beeinträchtigt sein. Nicht aufgelöste Emotionen aus der Vergangenheit können Emotionen in der Gegenwart durcheinander bringen. Wenn man sich mit unterdrückten Schuldgefühlen herumschlägt, fürchtet man z. B. eine Bestrafung durch alle möglichen Autoritäten – Polizei, Vorgesetzte oder das Finanzamt, selbst wenn man gar nichts Falsches oder Ungesetzliches getan hat. Wer verdrängte Ängste mit sich herumträgt, meidet vielleicht unbewusst Menschen oder redet sich ein, dass er sie nicht mag.

Erwachsene sind in ihrem Handeln ständig von verdrängten Gefühlen aus der Kindheit geprägt. Trägt man z. B. verdrängten Zorn auf eine dominante Mutter in sich, dann in-

Verdrängte Emotionen können reizbar, irrational und jähzornig machen.

Wenn in einer neuen Beziehung plötzlich alte verdrängte Gefühle auftauchen, glaubt man vielleicht, dass sich der Partner über Nacht geändert hätte.

Verdrängte Ängste können dazu führen, dass man Menschen aus dem Weg geht, von denen man geliebt werden könnte.

terpretiert man vielleicht jeden gut gemeinten Ratschlag von Frauen als einen Versuch der Bevormundung. Solange man sich nicht bewusst macht, welcher Prozess hier abläuft, unterdrückt man möglicherweise seine Gefühle immer wieder und verstärkt dieses Verhalten.

Die meisten Menschen sind sich dieses Sachverhalts nicht

bewusst oder glauben, dass er auf sie nicht zuträfe. Aber denken Sie einmal daran, wie oft Sie sich ohne ersichtlichen Grund ängstlich oder nervös fühlen, wie oft Sie gereizt sind, ohne sich dies erklären zu können, oder wie oft Sie sich in Situationen unwohl fühlen, in denen andere ganz entspannt sind. So ist es z. B. für manche Menschen kein Problem, auf Fremde zuzugehen und sie anzusprechen, während es ande-

Verdrängte Gefühle können sich in körperlichen Beschwerden äußern.

Viele Menschen versuchen Gefühlen dadurch aus dem Weg zu gehen, dass sie übermäßig essen.

ren sehr schwer fällt. Ähnliches gilt etwa für die Herausforderung, in der Öffentlichkeit zu sprechen.

Leider missbrauchen Millionen von Menschen bei dem Versuch, unangenehme Emotionen zu verdrängen, ihren Körper mit Arzneimitteln, Alkohol, Zigaretten, übermäßigem Essen oder übermäßigem Arbeiten. Diese Formen des Missbrauchs sind allgemein akzeptiert. Damit schädigt man aber nicht nur seine körperliche, sondern auch seine emotionale Gesundheit.

Immer mehr Ärzte werden sich heute der Bedeutung des Gefühlslebens für die physische Gesundheit bewusst. Man hat entdeckt, dass man sich durch Weinen nicht nur von schädlichen Stoffen, sondern auch von emotionalen Spannungen befreien und so Krankheiten vorbeugen kann. Für Kinder und für Erwachsene ist Weinen – im rechten Maß – sehr gesund!

Raubbau am eigenen Körper
Körper und Geist sind eng miteinander verknüpft. Beide sind aufeinander angewiesen. Wenn man versucht, eine unerfreuliche Emotion zu verdrängen, kommt einem vielleicht der Körper zu Hilfe, indem er die aufgebaute Spannung in verschiedene körperliche Symptome verwandelt.

Weinen in Maßen ist sehr vernünftig.

Körperliche Symptome sind oft ganz konkreter Ausdruck eines emotionalen Missbefindens:

▷ Verspannungen: »Ich habe zu viel Arbeit am Hals.«
▷ Kopfschmerzen: »Ich möchte nicht mehr daran denken.«
▷ Erkältungen: »Das hat mich kalt erwischt.«
▷ Arthritis: »Ich war erstarrt vor Schreck.« Oder: »Ich glaube, ich verkalke langsam.«
▷ Bluthochdruck: »Ich könnte platzen.« Oder: »Ich fühle mich so unter Druck.«
▷ Atemwege: »Ich ersticke in Arbeit.«

Liebe macht den Weg zur Auflösung unterdrückter Gefühle frei.

▷ Verstopfung: »Ich kann die Vergangenheit nicht loslassen.«
▷ Herzerkrankungen: »Das hat mir das Herz gebrochen.«
▷ Fieber: »Dieser Mensch ist vielleicht hitzig!«

Neuere Forschungen haben gezeigt, dass bestimmte Persönlichkeitstypen eher durch Krebs und Herzerkrankungen gefährdet sind als andere. In einer Untersuchung gab die Mehrzahl der Krebspatienten an, dass sie über längere Zeiträume keine starken Emotionen wie Weinen oder Wutausbrüche geäußert hatten, und sie waren stolz darauf, ihre Gefühle unter Kontrolle zu haben. Immer mehr Ärzte erkennen heute, wie wichtig emotionale Entspannung und die Äußerung von Gefühlen für das gesamte Wohlbefinden sind. Viele körperliche Beschwerden haben ihre Ursache in verdrängten emotionalen Beschwerden, und wenn diese sich auf die körperliche Ebene auswirken, müssen Körper, Seele und Geist gemeinsam geheilt werden.

6. Gefühle sind unsere Freunde

Die Fähigkeit, Emotionen zu haben, ist ein Geschenk, das alle Menschen miteinander teilen. Aber Gefühle sind natürlich nicht immer angenehm. Jede Emotion hat einen bestimmten Zweck und bleibt so lange bestehen, bis dieser Zweck erreicht ist und man ihn verstanden hat. Gefühle sind gewissermaßen Boten aus dem Unbewussten. Sie warten so lange an der Tür, bis man ihre Botschaft entgegennimmt.

Welche Botschaften überbringen Gefühle?

▷ *Zorn* besagt, dass einem etwas Unerwünschtes zustößt.

▷ *Verletztheit oder Trauer* besagt, dass man etwas verloren hat oder vermisst, was man haben möchte oder braucht.

▷ *Furcht* entsteht als Warnung vor der Möglichkeit eines Scheiterns, eines Verlusts oder von Schmerz.

▷ *Schuldgefühle* zeigen an, dass man in irgendeiner Weise für unerfreuliche Folgen oder Umstände verantwortlich ist.

Emotionen und ihre Botschaft an das eigene Leben kann man nur verstehen, indem man sie ausdrückt. *Was nicht ausgedrückt wird, kann man nicht verstehen.*

Kennen Sie den Effekt, dass Sie mit jemandem über ein Problem reden und im selben Augenblick die Lösung finden? Indem Sie die ganze Wahrheit über Ihre Gefühle ausdrücken, können Sie schließlich auch die Grundstimmung der Liebe unter all Ihren negativen Emotionen entdecken.

Gefühle sind wie Boten. Sie warten an der Tür, bis man ihre Botschaft entgegennimmt.

Verdrängte Gefühle heilen

Eine Liebesbeziehung ist die beste Voraussetzung für die Heilung verdrängter Gefühle. Wenn Sie jemanden haben, bei dem Sie sich sicher und geborgen fühlen, können die verdrängten Gefühle an die Oberfläche kommen und so geheilt werden. In der Geborgenheit einer ehrlichen und liebevollen Beziehung können Sie nicht nur lernen, die alltäglichen Spannungen unter Kontrolle zu halten, die zwischen Ihnen selbst und einem anderen Menschen entstehen, sondern auch alte Verletzungen heilen und dadurch zu einem liebevolleren und liebenswerteren Menschen werden.

Die Heilung von Gefühlen ist ein fortwährender Prozess. Immer wenn Sie in Ihren Beziehungen eine neue Ebene der Liebe und Verbundenheit erreichen, taucht auch eine neue Schicht tief verdrängter Gefühle auf, die geheilt werden müssen. Vom Grad der bestehenden Intimität hängt es ab, inwieweit eine solche Freisetzung gelingt. Dabei sollten Sie jedoch über die vier Warnzeichen und die fünf Emotionsebenen Bescheid wissen, da Sie sonst leicht glauben könnten, verrückt zu werden: Je mehr Sie nämlich Ihren Partner lieben, desto mehr scheint dabei manchmal die Spannung zwischen Ihnen zuzunehmen. Aber mit gutem Willen und dem festen Entschluss zu innerem Wachstum werden Sie bald entdecken, wie viel einfacher es ist, die ganze Wahrheit über Ihre Gefühle zu sagen und die Spannung aufzulösen, statt die Wahrheit vor sich selbst und den Menschen zu verbergen, die Sie lieben.

Wenn man nur in seiner Gedankenwelt lebt und Beziehungen meidet, ist die Gefahr besonders groß, dass man sich von seinen Gefühlen abschneidet.

Es ist sehr schwer, den ganzen Tag seine Gefühle zu unterdrücken und dann nach Hause zu kommen und gleich liebevoll zu sein.

Wenn Sie sich in Ihre eigene kleine Welt zurückziehen, können Sie Ihre Gefühle besonders leicht verdrängen. Aus diesem Grund meiden manche Menschen Beziehungen: Es würde sie zu viel Aufwand und Energie kosten, ständig gegenüber anderen ihre Gefühle unterdrücken zu müssen. Solche Menschen ertragen Beziehungen nur für eine bestimmte Zeit; dann ziehen sie sich physisch oder emotional zurück, indem sie ihre Gefühle vollkommen abschotten. Dass jemand sich sträubt, sich mit verdrängten Gefühlen auseinander zu setzen, wird spätestens dann klar, wenn man einen Partner verlässt und sich erleichtert fühlt.

Deshalb betonen so viele Menschen in Beziehungen so sehr, dass sie »Platz« brauchen. Sie schleppen all diese verdrängten Emotionen mit sich herum, und es gelingt ihnen sehr gut, diese nicht zum Vorschein kommen zu lassen, bis sie am Ende des Tages nach Hause kommen und den Partner sehen. Sobald sie sich zu öffnen beginnen, drängen all die nicht geäußerten Empfindungen des Tages an die Oberfläche. Statt sich dann mit ihnen auseinander zu setzen, erscheint es einfacher, weiterhin verschlossen zu bleiben.

Es ist durchaus verständlich, wenn Sie nach Feierabend absolut keine Lust haben, sich nochmals mit dem Ärger zu beschäftigen, den Sie tagsüber hatten. Aber wenn Sie diese Empfindungen nicht in Gegenwart Ihres Partners zum Vorschein kommen lassen und nicht all Ihren Zorn, Ihre Ver-

Verdrängte Gefühle aus der Vergangenheit wachzurufen ist nutzlos, wenn man nicht zugleich lernt, auch mit den emotionalen Problemen der Gegenwart zurechtzukommen.

letztheit und Ihre Ängste freisetzen, dann unterdrücken Sie diese Emotionen und mit diesen zugleich einen Teil der Liebe zu Ihrem Partner.

Damit ist nichts gegen das Bedürfnis und die Notwendigkeit gesagt, dass man auch einmal allein sein muss. Jeder braucht einmal eine Pause in seinen Beziehungen, um den Kontakt mit sich selbst nicht zu verlieren. Autonomie ist ebenso wichtig wie Kommunikation, aber sie darf nicht als Entschuldigung dafür herhalten, dass man seine Gefühle verleugnet.

Therapeutische Heilung der Vergangenheit

Viele Menschen nehmen zur Heilung ihrer verdrängten Emotionen therapeutische Hilfe in Anspruch. Viele Therapien richten sich jedoch nur auf alte verdrängte Traumata und versäumen es, den Klienten zu helfen, mit aktuellen emotionellen Problemen zurechtzukommen. Wenn man sich für therapeutische Hilfe entscheidet, sollte man darauf achten, dass man durch alle Emotionsebenen hindurch bis zur Liebe hingeführt wird. Es ist auch wichtig, dass die Therapeutin oder der Therapeut seine eigenen Emotionen nicht unterdrückt und seine Gefühle ungezwungen mitteilen und ausdrücken kann.

Was man fühlen kann, kann man auch heilen

Wenn Sie Ihre Emotionen ganz fühlen und die ganze Wahrheit über sie äußern, kann es Ihnen gelingen, die ungelöste emotionale Spannung zu heilen, und Sie können wieder uneingeschränkter lieben. Das bedeutet aber nicht, dass Sie

**Die Wahrheit zu sagen heißt nicht, dass man überall seine
negativen Gefühle abladen soll.**

einfach Ihre ganze Negativität auf einen geliebten Menschen
abladen sollen. Die rücksichtslose Mitteilung aller Gefühle
könnte die Beziehung ruinieren und zur Folge haben, dass
Sie sich noch mehr Traumata zuziehen.

Die Kunst, Gefühle mitzuteilen

Am Anfang kann es schwierig und sogar schmerzlich sein,
die ganze Wahrheit zu sagen, vor allem, wenn es so viel einfacher zu sein scheint, die Sache erst einmal zu überschla-
fen oder überhaupt zu vergessen. Langfristig aber ist dies
die einzige Chance. Die ganze Wahrheit zu sagen heißt,
Selbstzweifel zuzugeben, wenn Sie sich lieber selbstsicher
geben möchten; über Gefühle zu reden, wenn Sie lieber

**Oft ist es einfacher, eine Notlüge zu erzählen, aber langfristig führt
an der Wahrheit kein Weg vorbei.**

schmollen möchten; um etwas Gewünschtes zu bitten, wenn
Sie lieber so tun möchten, als ob Sie nichts bräuchten; einen
Fehler zuzugeben, wenn Sie lieber einem anderen die
Schuld geben würden; oder über Ihre Verletztheit und Be-
trübtheit zu reden, wenn Sie dem anderen lieber Ihre Zu-
wendung entziehen würden.

7. Was macht
Beziehungen so paradox?

In den vorangegangenen Kapiteln ging es darum, wie verdrängte Gefühle sich auf das Verhalten auswirken. Dabei sind wir jedoch noch nicht auf ein erstaunliches Phänomen eingegangen, das ich bisher noch in jeder Familie und in jeder Liebesbeziehung beobachtet habe. Es tritt in unterschiedlichem Maße auf, je nach dem, wie eng die Beziehung ist. Dieses Phänomen ist der *Schaukeleffekt*. Der Schaukeleffekt erklärt, warum der eine Partner umso hysterischer und panischer wird, je gelassener und unbeeindruckter der andere ist. Er erklärt, warum liebenswürdige, ausgeglichene Menschen oft Partner mit einem heftigen Temperament anziehen. Er erklärt, warum starke, psychisch stabile Menschen in einer Beziehung plötzlich feststellen, dass sie immer unsicherer und abhängiger werden.

Kurz, der Schaukeleffekt deutet die Gesetzmäßigkeiten menschlicher Interaktion in einer Weise, die erklärt, warum es in Beziehungen manchmal so paradox zugeht.

Das emotionale Band

Für die nachfolgenden Erläuterungen ist die Vorstellung von zwei Flüssigkeitsbehältern hilfreich. Diese beiden Behälter sind mit einem Schlauch oder einem Rohr verbunden, sodass Flüssigkeit von einem Behälter in den anderen fließen

Der Schaukeleffekt erklärt, warum eine Frau immer gereizter wird, je gelassener und desinteressierter ihr Mann wird.

kann. Sie sollen für zwei Menschen stehen, die eine Beziehung miteinander haben; nennen wir sie Fred und Wilma. Die Flüssigkeit in den Behältern steht für ihre Emotionen. Das Verbindungsstück ist die Sensibilität, die sie als Mann und Frau füreinander haben.

Eine solche Verbindung mit einem anderen Menschen hat man zum Beispiel mit Familienangehörigen, mit den Menschen im gemeinsamen Haushalt, mit engen Geschäftspartnern und vor allem mit den Menschen, mit denen man Sex hat. Durch eine solche emotionale Verbindung kann man gewissermaßen an den Gefühlen des anderen teilnehmen. Man weiß, dass der Partner auf einen wütend ist, auch wenn er das bestreitet, und Kinder wissen, dass ihre Mutter böse ist, auch wenn sie behauptet, dass alles in Ordnung ist.

Wenn sich zwei Menschen ineinander verlieben, stellen sie eine emotionale Verbindung her, die es ihnen erlaubt, einander ihre Gefühle mitzuteilen.

Je mehr man also mit einem anderen Menschen verbunden ist, desto mehr kann man dessen Gefühle wahrnehmen und miterleben.

Was man selbst unterdrückt,
drückt der Partner aus

Betrachten wir den Energiefluss zwischen diesen beiden Behältern. Wilma erlebt etwas, und in ihr regt sich die Empfindung des Zorns. Stellen wir uns nun einmal Zorn als Emotion vor, die in ihrem Behälter hochsteigt. Wilma wurde jedoch als Kind beigebracht, dass nette Mädchen nicht wütend sein dürfen, denn Männer mögen keine zornigen Frauen. Wilma spürt ihre Verletztheit und Traurigkeit, aber in ihr wirkt das Verbot, ihren Zorn zu fühlen. Ohne sich also darüber im Klaren zu sein, beginnt Wilma automatisch, ihren Zorn zu unterdrücken, ihn zu verdrängen. Eine leise Stimme in ihr sagt: »Beruhige dich, Wilma, es gibt nichts, worüber du dich aufregen müsstest.«

Während nun Wilma ihren Zorn immer mehr unterdrückt, geschieht etwas Eigenartiges: Er wandert auf die andere Seite des Behälters. Plötzlich wird Fred gereizt und zornig. Je ärgerlicher er wird, desto mehr versucht Wilma, ihn zu beruhigen. Sie versucht seinen Zorn ebenso zu unterdrücken, wie sie ihren unterdrückt hat. Das geht so lange weiter, bis Fred einfach explodiert. Und Wilma sagt sich dann: »Ich verstehe überhaupt nicht, warum er so in die Luft geht. Ich glaube, Männer sind ziemliche Hitzköpfe.«

Was man selbst unterdrückt, drückt der Partner aus. Und es gilt auch umgekehrt: Was der Partner unterdrückt, drückt man selbst aus.

Das ist das Prinzip des Schaukeleffektes, und es beinhaltet die ganze Mechanik einer Beziehung. Es erklärt, wie die eigenen Emotionen diejenigen des Partners beeinflussen und

Wenn Wilma ihren Zorn unterdrückt, spürt Fred dies und wird seinerseits zornig. Was man selbst unterdrückt, drückt möglicherweise der Partner aus.

umgekehrt. Im obigen Beispiel unterdrückt Wilma ihren Zorn, und Fred beginnt, diesen auszudrücken.

Demonstrieren wir den Schaukeleffekt noch an einer anderen Emotion, nämlich Furcht und Verunsicherung. Fred ist beunruhigt. Vielleicht arbeitet er an einem neuen Buch, und er befürchtet, dass es nicht den gewünschten Erfolg haben wird. Vielleicht will er seinen Betrieb vergrößern und macht sich Sorgen wegen der finanziellen Risiken. Fred hat aber als Kind gelernt, dass ein Mann stark und zuversichtlich sein muss. Männer lassen sich nicht verunsichern und gehen un-

Wenn man ein Gefühl unterdrückt, taucht es beim Parnter wieder auf. Das ist der Schaukeleffekt.

beirrbar ihren Weg. Und vor allen Dingen lassen sie niemals jemanden etwas davon merken, dass sie verunsichert sind.

Was tut Fred also mit dieser aufkommenden Furcht? Er unterdrückt sie, er drückt sie unbewusst in seinem Behälter nach unten. Aber je mehr Fred seine Furcht wegdrückt,

Wenn Fred versucht, kühl und gelassen zu bleiben, indem er seine eigenen Befürchtungen unterdrückt, verschärft er unbewusst Wilmas Befürchtungen.

desto mehr strömt sie auf Wilmas Seite. Plötzlich beginnt Wilma, sich verunsichert, ängstlich und aufgeregt zu fühlen. Möglicherweise fängt sie an, über ihre Befürchtungen zu reden. Wenn Fred das hört, verschließt er sich noch mehr und sagt:»Liebes, es gibt nichts, worüber wir uns Sorgen machen müssten. Beruhige dich doch.« Aber je mehr sich Fred zurückzieht und seine Gefühle zurückhält, desto intensiver wird Wilmas Beunruhigung, bis sie in eine regelrechte Panik gerät.

Fred unterdrückt seine Befürchtungen – Wilma drückt sie aus. So entsteht ein Teufelskreis, denn je nervöser und ängstlicher Wilma wird, desto mehr versucht Fred, ruhig und gelassen zu bleiben, indem er seine eigenen Befürchtungen unterdrückt. Damit aber schürt Fred Wilmas Panik nur noch mehr.

Warum Frauen manchmal überemotional zu sein scheinen

Ich habe dieses Verhaltensmuster immer wieder bei Frauen festgestellt, die nicht verstehen können, warum sie gegenüber einem Mann, den sie lieben, so verunsichert sein können, und bei Männern, die nicht begreifen können, warum ansonsten starke Frauen plötzlich völlig durcheinander sind.

Die Antwort ist der Schaukeleffekt. Die Männer gehorchen ihrer Konditionierung, Empfindungen der Angst nicht zu zeigen, und dafür drücken die Frauen all die unterdrückten Ängste der Männer aus. Im Extremfall hat man es dann mit einem beherrschenden und beherrschten, anscheinend durch nichts zu erschütternden Mann zu tun, der niemals eine Regung erkennen lässt, die man als Schwäche oder

Selbstzweifel auslegen könnte. Er treibt die Frau in Über-emotionalität und Panik, bis sie glaubt, minderwertig und gestört zu sein, weil er ihr ständig vorhält, wie emotional sie sich verhält. Das kann so weit gehen, dass eine Frau tatsächlich am Ende in eine psychiatrische Einrichtung aufgenommen werden muss. Natürlich gibt es auch den umgekehrten Fall, dass Frauen sich beherrschen und der Mann von Gefühlen überfließt.

Gleichmütige Männer können Frauen zum Wahnsinn bringen.

Warum Frauen übermäßig anhänglich werden können

Ein weiteres Beispiel für den Schaukeleffekt ist übertriebene Anhänglichkeit.

Fred und Wilma verlieben sich, und je größer ihre Intimität wird, desto mehr spürt Fred seine Anhänglichkeit Wilma gegenüber. Dieses Gefühl macht ihm jedoch Angst, denn er könnte sie ja verlieren. Fred unterdrückt also das Gefühl, sie zu brauchen, und er sagt sich, dass er keine zu enge Bindung möchte. Und was geschieht nun mit seiner Anhänglichkeit, wenn er sie unterdrückt? Sie wandert wiederum auf Wilmas Seite, wo sie deren Empfindung der Anhänglichkeit über ein gesundes Maß hinaus verstärkt. Wilma empfindet jetzt eine Anhänglichkeit, die eher eine Abhängigkeit ist. Sie hat große Angst, Fred zu verlieren, und möchte verzweifelt, dass er sich bindet; sie fühlt sich in seiner Gegenwart schwach.

Je mehr Fred seine Anhänglichkeit unterdrückt, desto anhänglicher fühlt sich Wilma. Wenn Fred dies spürt, geht er automatisch auf Distanz zu ihr. Je mehr er es ablehnt, dass seine eigene Anhänglichkeit auf ihn zurückgeworfen wird, desto stärker wird diese bei Wilma.

Dies ist ein häufiges Phänomen bei Liebesbeziehungen. Manche Männer wandern von einer Frau zur anderen und fragen sich, warum sie bloß alle so anhänglich werden. Dabei ist ihnen nicht klar, dass die Frauen nur ihre eigene Anhänglichkeit widerspiegeln, die sie nicht wahrnehmen wollen.

Manche Menschen wandern von einem Partner zum anderen und fragen sich, warum alle immer so übertrieben anhänglich und unsicher werden.

Wie der Schaukeleffekt die Gefühle übersteigert

Betrachten wir den Schaukeleffekt mit Hilfe eines Beispiels etwas näher. Wilma und Fred sitzen im Restaurant und warten schon eine halbe Stunde auf ihr Essen. Nehmen wir an,

Ist man nett und unterdrückt man seinen Ärger, verschärft das den Ärger des Partners.

dass sie sich ein wenig ärgerlich fühlen, sagen wir, um einen Wert anzugeben, »10 Prozent ärgerlich«. Fred ist nun darauf konditioniert, dass Zorn nicht in Ordnung ist, schon gar nicht wegen Kleinigkeiten, weshalb er ihn unterdrückt. Nun setzt der Schaukeleffekt ein, und Wilma fühlt sich 20 Prozent ärgerlich und zornig. Fred bemerkt dies und versucht sie zu beruhigen. Aber je mehr er seine eigenen Gefühle unterdrückt, desto intensiver werden sie bei ihr.

Das Entscheidende ist also, dass sie ebenfalls schon wütend war; sie drückt keineswegs nur Freds Ärger aus, der allerdings dazu beiträgt, dass ihr eigener Ärger jetzt übertriebene Ausmaße annimmt. Man sollte also den Schaukeleffekt nicht dazu missbrauchen, anderen die Schuld an den eigenen Emotionen zu geben.

Spieglein, Spieglein an der Wand

Vielleicht wird nun klarer, wie die Wut in Beziehungen entsteht. Jeder hat wohl schon einmal die Erfahrung gemacht, dass man alles tut, um den Partner zu beruhigen, der aber nur noch wütender wird. Dies liegt oft daran, dass der Partner eine Emotion ausdrückt, die man selbst unterdrückt. Menschen, die einem nahe stehen, sind wie Spiegel, in denen ein genaues Abbild von einem selbst zu erkennen ist, auch diejenigen Teile, mit denen man sich nur ungern beschäftigt. Unterdrückt man also seine eigenen Ängste, dann kann es geschehen, dass einem der Partner mit seinen Ängsten und Sorgen zusetzt. Er hält einem gewissermaßen einen Spiegel vor und sagt: »Nun sieh dir mal die Gefühle an, die du unterdrückst.«

Eine weitere wichtige Erkenntnis lautet also: *Man lehnt beim Partner ab, was man in sich selbst unterdrückt.*

Unterdrückt Fred seinen Ärger, weil er sich nicht mit ihm auseinander setzen will, und geht dieser in Wilmas Behälter über, regt sich in ihr Zorn. Nimmt Fred dies wahr, ist es seine natürliche Reaktion, dass er versucht, auch ihren Zorn zu unterdrücken. Fred lehnt bei Wilma ab, was er in sich selbst unterdrückt.

Wenn jemand versucht, die Emotionen seines Partners zu ändern oder ihm eine Empfindung auszureden, ist das ein sicheres Zeichen dafür, dass der Partner eine Emotion widerspiegelt, die man bei sich selbst nicht wahrhaben möchte.

Man lehnt beim Partner ab, was man in sich selbst unterdrückt.

Der Schaukeleffekt und die Eltern

Werfen Sie einmal einen Blick zurück in Ihre Kindheit. Vielleicht hatten Sie Eltern, von denen der eine der »Gute« war, der nette Elternteil, der immer unter dem anderen zu leiden hatte, und der andere der »Böse«, der Elternteil, der wütend wurde, schrie und zurechtwies. Könnte es sein, dass auch hier ein Schaukeleffekt wirksam war? Könnte es sein, dass

Wenn ein Elternteil negative Emotionen unterdrückt, drückt der andere diese oft in unkontrollierter Weise aus.

der nette Elternteil so viel Zorn und Groll unterdrückte, dass der andere Elternteil diesen ständig ausdrücken musste, um einen Teil der Spannung abzubauen?

Der Schaukeleffekt bei Kindern

Ganz besonders auffällig ist der Schaukeleffekt bei Kindern. Viele Eltern glauben, dass sie ihre Gefühle vor ihren Kindern verbergen müssen, um sie zu schützen. Ich glaube, dass dies völlig falsch ist. Die Kinder nehmen die Gefühle der Eltern mit einem überaus feinen Gespür wahr, ob man sie nun

Was man selbst unterdrückt, drücken oft die Kinder aus.

bewusst ausdrückt oder nicht. Ein solches Verhalten der Eltern ist für Kinder höchstens verwirrend, und sie glauben vielleicht sogar, dass sie selbst an der Beunruhigung der Eltern schuld sind.

Unterdrückt zum Beispiel ein Elternteil Zorn und Feindseligkeit gegenüber seinem Partner, dann agieren die Kinder dies durch ein zorniges, rebellisches Verhalten und durch Wutanfälle aus. Unterdrückt ein Elternteil seine Traurigkeit und Verletztheit, weinen die Kinder mehr. Lässt ein Elternteil Empfindungen der Furcht und Unsicherheit nicht zu, reagieren die Kinder mit mehr Ängstlichkeit.

Deshalb ist es so wichtig, dass eine Familie familiäre Probleme gemeinsam löst. Wenn man mit anderen Menschen zusammenlebt, gibt es keine Probleme, die nur einen selbst angehen.

Schaukelreigen

Betrachten wir nun einen Fall, in dem mehr als zwei Menschen in einer Beziehung stehen. Fred ist mit Wilma verheiratet. Was Fred aber nicht weiß, ist, dass Wilma eine Affäre mit Barney hat. Barney wiederum ist mit Betty verheiratet. Wir haben es also mit vier Gruppen von Emotionen zu tun. Irgendwann wird Betty traurig, weil sie spürt, dass Barney ihr entgleitet, aber sie unterdrückt ihre Gefühle, weil sie eine gute Ehefrau sein will. Was sie unterdrückt, spürt Barney, und weil er ein Mann ist, unterdrückt er seine Gefühle ebenfalls. Was er unterdrückt, spürt Wilma. Dies kommt zu ihrer eigenen unterdrückten Trauer hinzu. Dies alles gibt nun Wilma ihrerseits an Fred weiter. Eines Morgens wacht dann Fred sehr traurig und niedergeschlagen auf, und er weiß nicht einmal etwas von Betty, die den ganzen Prozess in Gang setzte.

Mehrfachbeziehungen können außerordentlich kompliziert werden. Es ist schon schwierig genug, die emotionalen Energien zwischen zwei Menschen ins Gleichgewicht zu bringen; schier unmöglich wird dies bei drei oder vier Menschen. Dies ist eines der Probleme bei »offenen« Beziehungen und Affären: Das emotionale Gleichgewicht zwischen den Partnern ist meist gestört.

Schaukelreigen

Betty Barney Wilma Fred

Wilma und Barney haben eine Affäre.

Betty — Barney — Wilma

Furcht — Schuldgefühle — Trauer

Betty ahnt etwas, unterdrückt aber ihre Befürchtungen.

Barney hat Schuldgefühle, unterdrückt sie aber.

Wilma ist traurig darüber, dass sie Fred betrügt, aber sie unterdrückt es.

Betty Barney Wilma FRED

Furcht Schuldgefühle Trauer

Schließlich wacht Fred eines Morgens verstört auf und glaubt, dass er verrückt wird!

Es ist schon schwierig genug, die emotionalen Energien von zwei Menschen im Gleichgewicht zu halten. Bei drei oder vier Beteiligten wird die Sache noch komplizierter.

Wenn die Beziehung auseinander bricht

Was geschieht, wenn beide Partner in einer Beziehung ihre Gefühle unterdrücken, wenn auf beiden Seiten des Behälters nach unten gedrückt wird. Der Druck sammelt sich in der Verbindungsleitung, die irgendwann platzt. Dies geschieht in sehr vielen Beziehungen. Keiner der Partner sagt die ganze Wahrheit über seine Gefühle; beide unterdrücken ihre Emotionen, entfremden sich, und irgendwann lassen sie das emotionale Band gänzlich reißen. Sie haben ihre Gefühle füreinander endgültig verdrängt.

Dann stellt sich das Gefühl ein, dass man jemanden nicht mehr liebt und dass man die eigene Attraktivität verloren hat: Die Verbindung ist unterbrochen. Zwei Menschen können dann noch recht gut miteinander weiterleben, wenn sie wollen, weil ja die Spannung zusammengebrochen ist. Der Schaukeleffekt ist nicht mehr wirksam. Allerdings ist alle

Wenn das emotionale Band zerrissen ist, verliert eine Beziehung ihre Lebendigkeit und ihren Reiz.

Liebe, Leidenschaft und Lebendigkeit aus ihrer Beziehung verschwunden. Vor allen Dingen aber haben sie jetzt keine Gelegenheit mehr, durch den Spiegel ihres Partners innerlich zu wachsen und zu lernen.

Es ist möglich, die abgerissene Verbindung wiederherzustellen, aber das ist sehr aufwändig. Dazu muss man die im achten Kapitel dieses Buchs beschriebenen Herzmethoden konsequent anwenden.

Wie man den Schaukeleffekt erkennt

Wenn Sie sich darüber ärgern, dass Ihr Partner oder Familienangehörige bestimmte Emotionen ausdrücken – Zorn, Furcht, Trauer oder Anhänglichkeit – dann vielleicht deshalb, weil die anderen etwas ausdrücken, was Sie selbst in Ihrem Innern unterdrücken. Weil Sie Ihre eigenen Emotionen ablehnen, lehnen Sie ähnliche Emotionen auch beim Partner ab.

Wenn man sich durch die Gefühle des Partners irritiert fühlt, drückt er wahrscheinlich aus, was man selbst unterdrückt.

147

Wenn dagegen Ihr Partner ein Gefühl ausdrückt und Sie sich nicht darüber ärgern, sondern keine Schwierigkeiten haben, den Partner zu trösten, dann können Sie davon ausgehen, dass es tatsächlich nur seine Emotionen sind und Sie selbst nichts unterdrücken.

Wie man mit dem Schaukeleffekt umgeht

Es ist nicht möglich, den Schaukeleffekt auszuschalten – es ist ein dynamischer Interaktionsprozess zwischen Menschen, der zu jeder Beziehung gehört. Allerdings können Sie sich und anderen unnötigen Schmerz und Kummer ersparen, indem Sie folgende Regeln beachten:

Man kann den Schaukeleffekt nicht vermeiden, aber man kann ihn benutzen, um innerlich zu wachsen.

▷ Stehen Sie zu Ihren Emotionen: Sie müssen sie ausdrücken, statt sie zu unterdrücken.

▷ Wenn jemand, der Ihnen nahe steht, eine Emotion äußert, und Sie spüren, dass Sie diese ablehnen, dann fragen Sie sich: Drückt der Betreffende etwas aus, was ich in mir selbst nicht wahrnehmen will?

▷ Stellen Sie fest, dass Ihre eigenen Gefühle und diejenigen Ihres Partners von Minute zu Minute heftiger werden, dann verschaffen Sie sich eine Pause, und wenden Sie eine der im nächsten Kapitel beschriebenen Methoden an.

8. Die Herzmethoden

Die im folgenden Kapitel beschriebenen Methoden haben tausenden von Menschen geholfen, ihre emotionalen Spannungen zu lösen und unvermeidliche Beziehungskonflikte zu beseitigen. Wenn es diese Methoden nicht gäbe, wären heute tausende von Paaren, mit denen ich gearbeitet habe, nicht mehr in einer liebevollen und kooperativen Beziehung vereint – und zwar nicht deshalb, weil sie einander nicht lieben würden, sondern weil sie die Spannungen und Konflikte einer solchen Beziehung nicht hätten aushalten können. Es ist schon sehr viel gewonnen, wenn man weiß, warum man sich streitet (siehe Schaukeleffekt und Warnzeichen), aber das genügt noch nicht. Wenn man Beziehungen wirklich auf eine feste Grundlage stellen und erfüllender gestalten will, muss man wissen, wie man mit solchen Problemen umgeht, wie man die Spannung auflöst und wieder zu einem liebevollen Verhältnis findet.

Ich empfehle Ihnen sehr, die in diesem Kapitel beschriebenen Übungen täglich durchzuführen. Dies gilt auch dann, wenn Sie glauben, keine großen Probleme zu haben, weil Sie dadurch vorbeugend die kleinen alltäglichen Spannungen abbauen können, die sich oft zu großen Problemen auswachsen. In dem Augenblick, in dem Sie eine Anspannung oder einen Widerstand in Ihren Beziehungen feststellen oder ein Schwächerwerden der Verbundenheit spüren, sollten Sie sich mit diesem Problem auseinander setzen, um zu verhindern, dass die emotionale Kluft zwischen Ihnen und Ihrem Partner größer wird. Beziehungen gedeihen nur durch ständige Pflege. Immer wenn Sie einen leisen Widerstand gegenüber Ihrem Partner wahrnehmen, können Ihnen die nachfolgenden Herzmethoden helfen, in Kontakt mit Ihren positiven inneren Gefühlen, mit Liebe, Vertrauen und Glück zu bleiben.

Die Wiederholungsmethode

Die Grundregel lautet: *Wiederholung löst Spannung und erzeugt Verbundenheit.*

Tatsächlich sind wir alle schon mit dieser Methode vertraut. Mit ihr haben wir viele Fertigkeiten erlernt, zum Beispiel das Radfahren. Hätten wir von unseren Eltern nur Anweisungen bekommen, oder hätten sie uns ein Buch in die Hand gedrückt, dann hätten wir es wohl nie gewagt. Statt dessen hat sich unsere Mutter vielleicht aufs Rad gesetzt und es uns vorgemacht.

Lernen besteht zu einem großen Teil aus Nachahmung. Auch das Sprechen haben wir durch Nachahmung gelernt. Der Vater sagte vielleicht: »Sag ›Papa‹«, und irgendwann haben wir es wiederholt. Dadurch ist zugleich eine Verbindung zwischen uns und unseren Eltern entstanden.

Deshalb tut es auch Erwachsenen immer noch gut, wenn eine andere Person die eigenen Gefühle wiederholt. Dies ist im Grunde das ganze Erfolgsgeheimnis von Seifenopern und Horrorfilmen. Fühlen wir uns traurig und niedergeschlagen und sehen im Fernsehen jemanden, der sich genauso fühlt, geht es uns, gleich besser. Die eigene Traurigkeit wird dort wiederholt, und das hilft uns, die emotionale Spannung abzubauen. Horrorfilme sind deshalb so beliebt, weil wir dort sehen können, wie andere Menschen von Grauen erfüllt werden und dadurch unsere eigenen Ängste vor Schmerz, Tod und dem Unbekannten wiederholen.

Was Wiederholungen bewirken

Man kann die Wiederholungsmethode in Beziehungen anwenden, um die emotionalen Spannungen gegenüber einem anderen Menschen aufzulösen. Wenn man feststellt, dass sich eine solche Spannung entwickelt, wiederholt man im Wechsel die Gefühle des Gegenübers. Der bloße Umstand, dass jemand außerhalb von einem selbst die eigenen Gefühle ausdrückt, schafft Erleichterung und erlaubt es, auf tiefere Ebenen des Verständnisses und der Klarheit zu gelangen.

Hier ist ein Beispiel dafür, was Wiederholungen bewirken können:

Fred und Wilma planen ein neues Projekt. Sie möchten in Los Angeles eine Kunstgalerie errichten. Sie haben einen Bauunternehmer beauftragt, mit dem sie jetzt Ärger haben, weil er die Termine nicht einhält. Fred und Wilma sind besorgt, dass die Räume nicht rechtzeitig fertig werden. Fred unterdrückt seine Besorgnis, weil er die Rolle des starken Mannes spielen will, während Wilma ihrer Sorge Ausdruck gibt und zugleich auch die Sorge von Fred spürt – der bekannte Schaukeleffekt. Aber das alles spielt jetzt keine Rolle, denn:

Es ist Zeitverschwendung, darüber zu diskutieren, wer mit dem Streit begonnen hat oder wer etwas unterdrückt und wer etwas ausdrückt. Wichtig ist nur, dass man die emotionale Spannung auflöst und durch Wiederholung die Verbundenheit wiederherstellt.

Nachfolgend das Gespräch zwischen Fred und Wilma, das in einen Streit mündet:

Wilma: »Schatz, ich habe gerade mit dem Bauunternehmer gesprochen, und er sagt, dass die Teppiche immer noch nicht drin sind. Und wo die Lampen sind, weiß er auch nicht.«

Fred: »Was meinst du damit, dass er nicht weiß, wo die Lampen sind?«

Wilma: »Sie sind noch nicht einmal da. Sie sind seit zwei Wochen ausgeliefert und bestimmt irgendwo auf einem LKW verschollen. Ich mache mir allmählich Sorgen.«

Fred: »Ach, da brauchst du dir doch keine Sorgen zu machen.«

Wilma: »Aber ich mache mir trotzdem Sorgen. Was, wenn die Lampen nicht rechtzeitig ankommen? Wenn wir die Galerie eröffnen und es furchtbar aussieht?«

Fred: »Nun mach doch keine Panik! Das kommt schon in Ordnung. Sich jetzt schon aufzuregen, bewirkt gar nichts.« (Er beginnt sich zu ärgern.)

Wilma: »Vielleicht haben wir uns auch zu viel vorgenommen. Vielleicht ist diese ganze Galerie eine Nummer zu groß für uns. Es ist so viel Arbeit. Warum verstehst du nicht, wie ich mich fühle?«

Fred: »Ich kümmere mich schon darum. Du kannst mir einfach vertrauen; das Ganze ist bestimmt nicht so schlimm.«

Wilma: »Ich vertraue dir ja, aber...«

Fred: »Du vertraust mir überhaupt nicht. Du nörgelst jetzt schon die ganze Zeit wegen der blöden Lampen herum. Lassen wir es jetzt gut sein.«

Wilma: »Ich will es aber nicht gut sein lassen. Außerdem brauchst du mich gar nicht zu beschimpfen.«

Fred: »Ich sag dir mal, was dein Problem ist: Du hast einfach kein Vertrauen zu mir. Du bist doch völlig durcheinander.« (Fred verliert jetzt doch die Nerven.)

Fred und Wilma sind jetzt mitten in einem ausgewachsenen Streit. Wenn sie weiter streiten, werden sie das ganze Problem maßlos aufblähen oder aber es verdrängen. In jedem Fall wird eine tiefe Verstimmung zwischen ihnen entstehen. Die Lösung besteht darin, dass sie ihre verbale Auseinandersetzung beenden und die Wiederholungsmethode anwenden, um die emotionale Spannung zu lösen.

Diese Methode hilft, den eigenen Widerstand zu fühlen und abzubauen. Am Anfang hat man vielleicht einen Widerwillen dagegen, seinem Partner nachzusprechen, weil man einen Widerstand gegen dessen Empfindungen fühlt.

Überwindet man diese Hemmschwelle, wird man sich letztlich seinem Partner näher fühlen, und man hilft ihm zugleich, sich wieder ausgeglichener zu fühlen.

Man sollte sich also immer vor Augen halten, dass man diese Methode umso dringender braucht, je größer der Widerstand dagegen ist – und umso besser wird man sich danach fühlen.

DREI GRUNDSCHRITTE

Erster Schritt:
Vorsprechen

▷ Wenn Sie bemerken, dass Sie Widerstand gegenüber Ihrem Partner (oder einem Kind, einem Mitbewohner usw.) entwickeln, bitten Sie den anderen, mit ihm die Übung der Wiederholung durchführen zu dürfen.

▷ Einer von beiden beginnt. Wenn Sie es selbst sind, bitten Sie Ihren Partner, seine Gefühle der Reihe nach zu formulieren. Dann wiederholen Sie mit genau denselben Worten, was der andere gesagt hat. Stellen Sie sich einfach vor, dass Sie der andere wären. Vermeiden Sie es, Ihren Partner nachzuäffen; spielen Sie einfach dessen Rolle.

▷ Derjenige, der seine Gefühle formuliert, muss dabei die ganze Wahrheit sagen, mit dem Zorn beginnen und über Verletztheit, Furcht und Schuldgefühle bis zur Liebe fortfahren. In vielen Fällen genügt es jedoch, einfach einige der vorhandenen Emotionen und dann einige positive Empfindungen auszudrücken.

▷ Wenn Sie den Aussagen des Partners zuhören und sie wiederholen, wird Ihnen immer deutlicher werden, wie er sich fühlt. Vielleicht können Sie dann sogar eigene Aussagen hinzufügen, die seine Empfindungen wiedergeben. An diesem Punkt wird beim Partner Erleichterung einsetzen, weil er das Gefühl haben kann, dass Sie ihn wirklich verstehen.

Zweiter Schritt:
Sich die Gefühle des Partners zu Eigen machen

▷ Wenn Ihr Partner fertig ist, wiederholen Sie seine Gefühle und Auffassungen, ohne dass er etwas vorsagt. Sie brauchen dabei nicht mit seiner Sichtweise einverstanden zu sein, um verstehen zu können, was er fühlt. Stellen Sie sich einfach vor, dass Sie mit Ihrem Partner die Rollen getauscht haben, und machen Sie sich vorübergehend seine Gefühle und Gedanken zu Eigen. Wenn Sie ihm gegenüber alle seine Gefühle wiederholen, wird er Sie plötzlich unterstützen und vielleicht sogar neue Klagen hinzufügen.

▷ Anfänglich werden Sie wahrscheinlich Widerstand dagegen empfinden, die Worte Ihres Partners zu wiederholen.

Sie sollten sich davon nicht beirren lassen; je mehr Sie sich mit den Gefühlen des Partners verbinden, indem Sie seine Aussagen laut nachsprechen, desto mehr löst sich die Spannung, und es wird Ihnen immer leichter fallen, seine Empfindungen auszusprechen.

Hinweis: Wenn Sie nach 3 oder 4 Minuten immer noch große Schwierigkeiten haben, die Gefühle des Partners zu wiederholen und der Ärger und der Zorn immer größer werden, dann handelt es sich nicht mehr nur um einen oberflächlichen Konflikt. In einem solchen Fall funktioniert die Wiederholungsmethode nicht mehr. Dann muss man die Liebesbriefmethode anwenden, wie später in diesem Kapitel beschrieben.

Dritter Schritt:
Die Rollen tauschen
Jetzt tauschen Sie die Rollen, und derjenige, der zuerst das Vorgesagte wiederholt hat, darf jetzt seine Gefühle äußern, die der andere nachspricht.

BEISPIELE

Erster Schritt:
Vorsprechen
Wilma sagt Fred vor, wie sie sich fühlt, und er wiederholt jeweils einfach, was sie gesagt hat, ohne »kluge« Bemerkungen, Kommentare oder Erklärungen. Fred verspürt vielleicht den starken Drang, Kommentare abzugeben, aber er darf dem nicht nachgeben, da die Methode sonst nicht funktioniert. Er kommt später an die Reihe.

Hinweis: Wilma spricht vielleicht zuerst sehr emotional. Fred darf dies ohne große Gefühlsbewegung nachsprechen, vor allem zu Beginn. Je länger er ihre Gefühle wiederholt, und je mehr er Wilma »ist«, desto mehr kommt er in Kontakt mit seinen eigenen Gefühlen, und desto emphatischer wird er sprechen.

Wilma: »Ich habe es satt mit diesem Bauunternehmer.«

Fred (wiederholt ihre Worte:) »Ich habe es satt mit diesem Bauunternehmer.«

Wilma: »So ein Blödmann! Jetzt hat er auch noch die ganze Beleuchtung verloren.«

Fred: »So ein Blödmann! Jetzt hat er auch noch die ganze Beleuchtung verloren.«

Wilma: »Und wenn die Lampen nicht mehr kommen? Wenn wir die Galerie eröffnen und kein Licht haben?«

Fred: »Und wenn die Lampen nicht mehr kommen? Wenn wir die Galerie eröffnen und kein Licht haben?«

Wilma: »Ich mache mir wirklich Sorgen. Vielleicht haben wir uns übernommen.«

Fred: »Ich mache mir wirklich Sorgen. Vielleicht haben wir uns übernommen.«

Wilma: »Ich fühle mich verletzt, dass du nicht verstehst, wie sehr ich mir Sorgen mache.«

Fred: »Ich fühle mich verletzt, dass du nicht verstehst, wie sehr ich mir Sorgen mache.«

Wilma: »Du tust immer so cool und lässt mich mit meinen Sorgen allein. Du gibst mir das Gefühl, dämlich zu sein.«

Fred: »Du tust immer so cool und lässt mich mit meinen Sorgen allein. Du gibst mir das Gefühl, dämlich zu sein.«

Wilma: »Und ich habe nun einmal Angst, dass wir es nicht schaffen.«

Fred: »Und ich habe nun einmal Angst, dass wir es nicht

schaffen. Was machen wir bloß, wenn es dort grässlich aussieht?«

Fred beginnt jetzt eigene Aussagen hinzuzufügen, weil er erkennt, wie sich Wilma fühlt, und allmählich Kontakt zu seinen eigenen Gefühlen bekommt.

Wilma: »Ich auch, ich habe auch Angst, dass es grässlich aussehen könnte. Und jetzt möchte ich, dass du meine Gefühle wiederholst, ohne dass ich dir vorsage.«

Zweiter Schritt:
Sich die Gefühle des Partners zu Eigen machen

Wenn Wilma Fred bittet, ihre Gefühle ohne Vorsagen zu wiederholen, fühlt sie sich vielleicht schon viel besser; wenn nicht, ist dies nicht weiter tragisch: Dafür ist der zweite Schritt da. Es könnte natürlich sein, dass jetzt Fred wütend wird, aber bevor er seine Gefühle ausdrücken darf, muss er erst mindestens eine oder zwei Minuten lang sich Wilmas Gefühle zu Eigen machen.

Nachfolgend ein Beispiel, wie sich Fred in Wilmas Rolle versetzt:

Fred: »Ich mache mir solche Sorgen, ob die Galerie rechtzeitig fertig wird. Was, wenn die Lampen nicht vor der Eröffnung installiert sind? Es wäre eine Katastrophe. Ich könnte diesen verantwortungslosen Bauunternehmer auf den Mond schießen. Und ich kann es auch nicht ausstehen, dass du so cool tust, als ob alles in Ordnung wäre. Ich kann es nicht ausstehen, wenn du mich als übervorsichtig hinstellst. Du benimmst dich wie ein Roboter. Du gibst mir das Gefühl, dämlich zu sein. Es verletzt mich, wenn dir meine Gefühle so gleichgültig sind. Ich will, dass du meine Gefühle respektierst. Ich möchte, dass du mich tröstest und deine Gefühle ebenfalls ausdrückst.«

Jetzt fühlt sich Wilma viel besser, weil Fred ihre Gefühle

wahrgenommen hat. Fred empfindet zumindest weniger Widerstand, weil er Wilmas Gefühle wenigstens akzeptiert, gehört und gefühlt hat. Möglicherweise hat aber die Wiederholung von Wilmas Gefühlen in Fred selbst Gefühle wachgerufen, weshalb er jetzt den Wunsch hat, dass Wilma seine Gefühle wiederholt. Das muss jedoch nicht immer so sein; Wilma und Fred fühlen sich vielleicht schon beide so erleichtert, dass kein Rollentausch mehr nötig ist.

Dritter Schritt:
Rollentausch
Dieser Schritt ist freigestellt. Falls Fred sich noch in irgendeiner Weise angespannt fühlt, sollte jetzt Wilma seine Gefühle wiederholen. Dann ist der ganze Ablauf wieder mit Schritt A und Schritt B zu wiederholen. Nachfolgend ein Beispiel dafür, wie Fred und Wilma die Rollen tauschen könnten.

Vorsprechen
Fred: »Ich kann es nicht ausstehen, wenn du immer gleich in Panik gerätst.«

Wilma: »Ich kann es nicht ausstehen, wenn du immer gleich in Panik gerätst.«

Fred: »Ich wusste schon, dass die Lampen noch nicht da sind.«

Wilma: »Ich wusste schon, dass die Lampen noch nicht da sind.«

Fred: »Ich kann es nicht ausstehen, wenn du kein Vertrauen zu mir hast.«

Wilma: »Ich kann es nicht ausstehen, wenn du kein Vertrauen zu mir hast.«

Fred: »Wenn du in Panik gerätst, bringt mich das ganz durcheinander. Warum musst du immer gleich in Panik geraten?«

Wilma: »Wenn du in Panik gerätst, bringt mich das ganz durcheinander. Warum musst du immer gleich in Panik geraten?«

Fred: »Ich fühle mich von dir angegriffen.«

Wilma: »Ich fühle mich von dir angegriffen.«

Fred: »Ich habe das Gefühl, dass du nicht an mich glaubst.«

Wilma: »Ich habe das Gefühl, dass du nicht an mich glaubst.«

Fred: »Es tut mir weh, dich so aufgeregt zu sehen.«

Wilma: »Es tut mir weh, dich so aufgeregt zu sehen.«

Fred: »Ich möchte, dass du Vertrauen zu mir hast.«

Wilma: »Ich möchte, dass du Vertrauen zu mir hast.«

Fred: »Ich möchte, dass du an mich glaubst.«

Wilma: »Ich möchte, dass du an mich glaubst.«

Fred: »Ich möchte, dass du mich bewunderst.«

Wilma: »Ich möchte, dass du mich bewunderst.«

Fred: »Ich möchte, dass du dich glücklich und sicher fühlst.«

Wilma: »Ich möchte, dass du dich glücklich und sicher fühlst.«

Fred: »Es bringt mich durcheinander, wenn du durcheinander bist.«

Wilma: »Es bringt mich durcheinander, wenn du durcheinander bist.«

Fred: »Ich liebe dich so sehr. Ich finde dich wunderbar. Ich kann auch deine Gefühle verstehen. Ich bin selbst ein wenig nervös.«

Wilma: »Ich liebe dich so sehr. Ich finde dich wunderbar. Ich kann auch deine Gefühle verstehen. Ich bin selbst ein wenig nervös.«

Sich die Gefühle des Partners zu Eigen machen

Wilma: »Warum musst du wegen jeder Kleinigkeit in Panik geraten? Du bist niemals glücklich. Immer machst du dir Sorgen. Vertraust du mir nicht? Entspanne dich doch; es kommt alles in Ordnung. Ich kann es nicht ausstehen, wenn ich hart arbeite und du nicht an mich glaubst. Das tut mir weh. Es macht mich traurig, wenn du mir nicht vertraust. Manchmal kannst du recht nörglerisch sein. Ich möchte, dass du mich liebst und unterstützt und nicht kritisierst. Ich möchte, dass du mich liebst; ich habe es verdient. Ich bin wunderbar, und du ebenfalls!«

Einer der größten Vorzüge der Wiederholungsmethode besteht darin, dass man dadurch die Gelegenheit hat, seine Gefühle in Worte zu kleiden, ohne dass der andere ständig Bemerkungen macht und Widerstand aufbaut. Wenn man seine Gefühle seinem Partner gegenüber ausdrückt, entsteht bei diesem ein natürlicher Drang, zu unterbrechen und seine eigene Sichtweise darzulegen. Dies erschwert es aber, die fünf Emotionsebenen durchzuarbeiten.

Ein weiteres Beispiel:

Fred ruft Wilmas Mutter an, um sie etwas zu fragen, und vergisst für einen Augenblick, wen er anrufen will. Als Wilmas Mutter abnimmt, fällt ihm ihr Name nicht ein. Sie reden einige Minuten miteinander, dann legt er wieder auf. Wilma ist ziemlich ärgerlich über Fred. Nachfolgend der Streit, wie er sich normalerweise entwickeln würde.

Wilma: »Fred, ich finde, dass du ziemlich unhöflich zu meiner Mutter warst.«

Fred: »Unhöflich? Ich war nicht unhöflich.«

Wilma: »Doch, du warst unhöflich, du hast ihren Namen vergessen. Wie konntest du nur den Namen meiner Mutter vergessen?«

Fred: »Nun mach mal nicht so ein Theater deswegen. Ich kann mir nicht den Namen von allen Leuten merken.«

Wilma: »Meine Mutter ist nicht ›alle Leute‹. Manchmal glaube ich, dass du ein Gedächtnis wie ein Sieb hast.«

Fred: »Ich wollte sie überhaupt nicht anrufen; das war deine Idee. Ich rufe sie nie mehr an.«

Wilma: »Hör auf mit solchen Drohungen. Du benimmst dich wie ein Baby.«

Fred: »Warum musst du immer so kritisch sein? Du machst mich ganz krank.«

Ohne die Wiederholungsmethode würde diese Auseinandersetzung sehr schnell eskalieren: böse Worte, Türenschlagen und Trennung. Wenn man den Dialog liest, stellt man fest, dass Wilma in ihrem zweiten Satz beginnt, Kontakt mit ihren verletzten Gefühlen bezüglich ihrer Mutter aufzunehmen. Fred unterbricht jedoch diesen natürlichen Prozess und gibt seinem Ärger Ausdruck, womit er jedoch Wilmas Ärger verschärft. So können sich Fred und Wilma nicht von ihrem Zorn befreien, bis sie zu müde sind, sich weiter zu streiten, oder die ganze Angelegenheit einfach unterdrücken.

Sehen wir, wie die Wiederholungsmethode hier helfen kann:

Wilma: »Ich bin wirklich ärgerlich über dich wegen dieses Telefonanrufs. Ich möchte gerne, dass wir die Wiederholungstechnik anwenden.«

Fred: »Okay.«

Wilma: »Bist du wirklich so vertrottelt, dass du den Namen meiner Mutter vergisst?«

Fred: »Bist du wirklich so vertrottelt, dass du den Namen meiner Mutter vergisst?«

Wilma: »Wie konntest du so grob zu meiner Mutter sein?«

Fred: »Wie konntest du so grob zu meiner Mutter sein?«

Wilma: »Sie ist bestimmt sehr geknickt.«

Fred: »Sie ist bestimmt sehr geknickt.«

Wilma: »Ja, ihr Schwiegersohn ruft an und weiß nicht mal ihren Namen.«

Fred (beginnt Kontakt zu Wilmas Gefühlen zu bekommen): »Ja, ihr Schwiegersohn ruft an und benimmt sich wie ein Trottel; er kommt nicht mal auf ihren Namen.«

Wilma: »Meine Mutter hat dich sehr gern, und sie muss sich schrecklich zurückgesetzt gefühlt haben.«

Fred: »Meine Mutter hat dich sehr gern, und sie muss sich schrecklich zurückgesetzt gefühlt haben.«

Wilma: »Ich möchte, dass du meine Mutter gern hast; ich möchte, dass du nett zu meinen Verwandten bist.«

Fred: »Ich möchte, dass du meine Mutter gern hast; ich möchte, dass du nett zu meinen Verwandten bist und zeigst, dass du auch mich gern hast.«

Wilma: »Ja, ich möchte, dass du auch mich mehr liebst.«

Fred ist jetzt klar geworden, dass Wilmas Verärgerung nicht von seinem unhöflichen Verhalten herrührte, sondern von ihrer Befürchtung, dass ihm ihre Verwandten gleichgültig sein könnten. Fred kann jetzt ihre Gefühle verstehen und die Situation bereinigen. Und wenn Fred Wilma nachspricht und sagt, dass es unhöflich von ihm war, den Namen seiner Schwiegermutter zu vergessen, drückt er natürlich seine eigenen Gefühle aus, woran ihn vielleicht zuvor sein Stolz gehindert hätte. Was sich zu einem großen Streit hätte auswachsen können, wird jetzt für beide zu einer Chance, ihre Beziehung zu vertiefen. Fred schließt dann die Übung ab, indem er den zweiten Schritt durchführt und sich Wilmas Gefühle zu Eigen macht:

Fred: »Was für ein Trottel bist du eigentlich? Hast du kein Hirn? Ich finde dich unmöglich. Du nimmst andere überhaupt nicht wahr. Wie konntest du nur den Namen meiner Mutter vergessen? Das ist wirklich verletzend für mich. Ich bin mir sicher, dass auch meine Mutter verletzt ist. Wie würdest du dich denn fühlen? Manchmal bist du so instinktlos. Ich kann deine fadenscheinigen Entschuldigungen nicht ausstehen. Ich möchte, dass du anderen Menschen gegenüber etwas aufgeschlossener bist. Es macht mich traurig, dass du den Namen meiner Mutter vergessen hast. Es muss sie sehr gekränkt haben. Ich möchte, dass du meine Mutter und meine Verwandten gern hast. Ich möchte, dass du deine Zuneigung wirklich zeigst. Ich liebe dich so sehr, und ich verzeihe dir – aber tu das nicht wieder.«

In diesem Beispiel hat Fred sogar noch mehr Ärger über sich selbst zum Ausdruck gebracht als Wilma. Dies tut einerseits Fred gut und erlaubt es andererseits Wilma, ihm ganz zu verzeihen und ihn wieder zu lieben.

Was Sie tun können, wenn Sie nicht wissen, was Sie fühlen
Wenn Sie eine Spannung zwischen sich und Ihrem Partner wahrnehmen, aber keinen Zugang zu Ihren Gefühlen bekommen, können Sie es mit »Einleitungsphrasen« versuchen. Eine gute Einleitungsphrase wäre etwa: »Ich habe jetzt das Gefühl…« Dann ergänzen Sie diesen Satz spontan und ohne irgendetwas zu unterdrücken. Wiederholen Sie das immer wieder, dann überwinden Sie schließlich die Barriere und finden wieder Zugang zu Ihren Gefühlen.

Ein Beispiel: Ihr Partner hat etwas getan, was Sie irritiert hat, und Sie möchten die Wiederholungsmethode durchführen. Aber Sie wissen nicht, wie Sie ihm gegenüber Ihre Gefühle ausdrücken sollen. Statt nun zu murmeln: »Ich weiß nicht genau, was ich fühle« und damit Ihren Partner zu frustrieren, können Sie sagen:

▷ Ich habe jetzt das Gefühl... blockiert zu sein.

▷ Ich habe jetzt das Gefühl... frustriert zu sein.

▷ Ich habe jetzt das Gefühl... mich verstecken zu müssen.

▷ Ich habe jetzt das Gefühl... dass es dir egal ist.

▷ Ich habe jetzt das Gefühl... verletzt zu sein, weil dir die Rede nicht gefiel, die ich geschrieben habe. Manchmal glaube ich, dass du alles für selbstverständlich hältst. Ich finde das schrecklich.«

Bei dieser Übung kommen Sie immer mehr in Kontakt zu Ihren wirklichen Gefühlen. Wenn Sie sich wieder blockiert fühlen, wiederholen Sie die Einleitungsphrase, und praktizieren Sie »Satzvervollständigung«, bis Ihre Gefühle wieder in Gang kommen. Wenn Sie diese Methode benutzen, um eine Blockierung aufzulösen, sollte Ihr Partner jeden Satz wiederholen.

Anwendung der Wiederholungsmethode bei Verwandten, Bekannten und am Arbeitsplatz

Die Wiederholungsmethode bewährt sich nicht nur bei einem festen Partner, sondern in den unterschiedlichsten Beziehungen: zwischen Eltern und Kindern, Geschwistern, Arbeitskollegen, Freunden und Mitbewohnern. Wenn man alleine ist und sich über jemanden ärgert, der nicht in der Nähe ist, kann man auch einen Freund oder eine Freundin bitten, mit einem die Wiederholungsübung durchzuführen.

Ein Beispiel: Wilma ist wütend auf ihre Chefin. Sie musste abends länger bleiben, und am nächsten Tag hat sie sich nicht einmal bei ihr bedankt. Wilma hat jetzt zwei Möglichkeiten: Sie kann diese Spannung und diesen Zorn festhalten, oder aber einen Nachbarn oder eine Freundin bitten, die Wiederholungsübung mit ihr durchzuführen.

Wilma: »Ms. Simpson, Sie sind eine dumme Ziege.«

Freundin: »Ms. Simpson, Sie sind eine dumme Ziege.«

Wilma: »Sie haben keine Achtung vor mir, und ich habe es satt.«

Freundin: »Sie haben keine Achtung vor mir, und ich habe es satt.«

Wilma: »Es ist eine Zumutung, dass Sie mich wie ein Möbelstück behandeln.«

Wilma: »Ich bin verletzt, wenn Sie nicht mehr Interesse und Wertschätzung für mich übrig haben.«

Mit der Wiederholungsmethode erreicht Wilma mehrere Ziele. Erstens baut sie einen Teil der physischen und emotionalen Spannung ab, indem sie ihre Gefühle ausdrückt, statt sie zu unterdrücken. Zweitens kann sie durch diese Äußerung ihrer Gefühle zu dem vordringen, was sie wirklich geärgert hat – dass sie nämlich nicht geschätzt wurde –, statt in ihrem Zorn und ihren Vorwürfen zu verharren. Und drittens vermeidet es Wilma dadurch, ihren Zorn und Ärger anwachsen zu lassen und dann irgendwann auf einen Unschuldigen abzuladen.

Man kann die Wiederholungsmethode sogar mit jemandem anwenden, der gar nicht weiß, dass man dies tut. Ein sehr bekannter Fernsehproduzent, nennen wir ihn Bill, nahm an einem meiner Seminare teil und lernte dabei alle in diesem Kapitel vorgestellten Methoden kennen. Einige Tage später ärgerte er sich bei den Aufnahmen über einen der Mitwirkenden. Ohne nachzudenken schrie er ihn an und kanzelte ihn vor allen Anwesenden in einer sehr peinlichen Weise ab. Als Bill am nächsten Tag wieder zur Arbeit kam, war der Betreffende sehr wütend auf ihn, und in der ganzen Gruppe herrschte eine gereizte Stimmung.

Da erinnerte sich Bill an die Wiederholungsübung. Er bat den Kollegen unter vier Augen zu sich und sagte zu ihm:

»Als ich Sie gestern öffentlich angeschrien habe, hätten Sie wohl am liebsten zu mir gesagt: ›Was fällt Ihnen ein, mich vor allen anderen so herunterzuputzen? Ich möchte doch um etwas mehr Respekt bitten! Wer sind Sie überhaupt, dass Sie hier eine solche Szene machen, Sie großer Regiestar?‹«

Der Betreffende war sehr erstaunt, dass Bill so genau seinen Gefühlen Ausdruck verlieh, und begann zu lächeln.

Bill fuhr fort: »Und wissen Sie, wenn ich Sie wäre, wäre ich auch sehr verletzt, dass dem Produzenten meine Gefühle egal sind, und ich würde befürchten, dass unser Verhältnis bleibenden Schaden genommen hat.«

Der Kollege nickte heftig und antwortete: »Ja, genauso habe ich es empfunden.«

»Nun, es tut mir Leid«, entschuldigte sich Bill. »Es war gedankenlos von mir. Ich kann es wirklich nachempfinden, wie Sie sich gefühlt haben müssen.«

»Ich glaube Ihnen«, antwortete der andere, und sie gaben sich die Hand.

Bill erzählte uns später, dass danach bei den Aufnahmen plötzlich wieder eine ganz andere Stimmung herrschte: Die Leute lachten, und alle waren an diesem Tag frühzeitig mit der Arbeit fertig. Niemand wusste, was Bill genau gemacht hatte, aber alle spürten, dass die Spannung gewichen war. Wenn Bill nur gesagt hätte: »Es tut mir Leid«, und der Gemaßregelte geantwortet hätte: »Ist in Ordnung«, dann wäre die Angelegenheit zwar auch erledigt gewesen, aber nur an der Oberfläche. Durch die Wiederholungsmethode konnten die Emotionen auf einer tieferen Ebene aufgelöst werden, und der Betroffene konnte das Gefühl haben, dass Bill seine Empfindungen wirklich verstand.

Sally wandte die Wiederholungsmethode mit ihrem sechsjährigen Sohn Brian an. Brian sollte über das Wochenende zu einem Freund gehen, aber es kam etwas dazwischen, und Sally konnte ihn nicht hinbringen. Brian lief wütend durch das Haus und fing einen Streit mit seiner kleinen Schwester an. Sally beschloss, mit Brian die Technik der Wiederholung durchzuführen.

»Brian, wenn ich du wäre, würde ich jetzt denken: ›Mann, Mama ist so gemein. Sie ist die schlechteste Mutter der Welt. Sie verspricht mir etwas, und dann hält sie es nicht. Dies ist das schlimmste Wochenende meines Lebens. Ich darf nie Spaß haben.‹«

Als Sally in dieser Weise die Gefühle ausdrückte, die ihr Sohn ihrer Meinung nach haben musste, begann Brian zu weinen und nahm seine eigenen Emotionen wahr. Seine Mutter drückte alle seine unterdrückten Empfindungen aus, und dies brachte ihm Erleichterung.

Die Wiederholung dient nicht nur dazu, den Standpunkt eines anderen Menschen besser verstehen zu können. Sie bietet auch die Gelegenheit, aufgestaute emotionale Spannungen abzubauen, die ganze Wahrheit zu sagen und sich auf einer tiefen emotionalen Ebene mit einem anderen Menschen zu verbinden. Jeder Mensch braucht das Gefühl, dass ein anderer wirklich versteht, wie er sich fühlt. Die Wiederholungsmethode kommt diesem natürlichen Bedürfnis entgegen und hilft, eine innere emotionale Anspannung zu lösen und unerwünschte Emotionen wie Frustration, Angst und Trauer freizusetzen.

Das Zornprogramm

Das Zornprogramm ist eine einfache, aber äußerst wirksame Methode, um Zorn freizusetzen und Selbsthass und Schuldgefühlen vorzubeugen. Wenn man sich ärgert, dann in der

Regel deshalb, weil man etwas Gewünschtes nicht bekommen hat. Die emotionale Anspannung bei Zorn und Frustration kann man zumindest teilweise dadurch auflösen, dass man den nicht erfüllten Wunsch klar erkennt und ausdrückt. Drückt man seinen Zorn oder seine Vorwürfe ehrlich aus, kann man fühlen, was man gewollt oder erwartet hat. Dadurch kommt man in natürlicher Weise in Kontakt zu dem Teil des Selbst, der weiß: »Es steht mir zu, dass ich bekomme, was ich möchte.« Hinter allem Zorn verbirgt sich ein Wunsch, und hinter dem Wunsch steht die Empfindung der Selbstliebe und des eigenen Werts.

Das nachfolgende Diagramm kann den Ursprung des Zorns verdeutlichen:

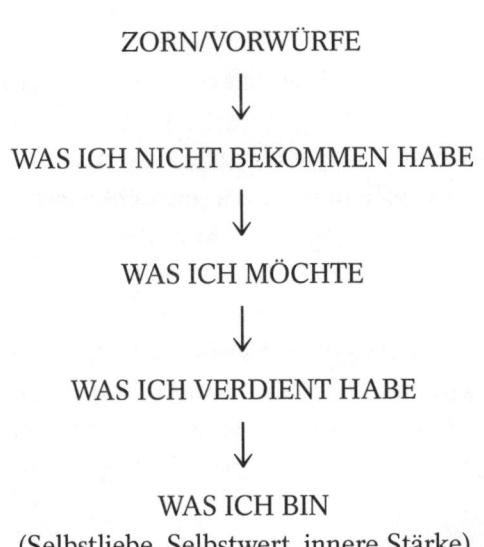

ZORN/VORWÜRFE

↓

WAS ICH NICHT BEKOMMEN HABE

↓

WAS ICH MÖCHTE

↓

WAS ICH VERDIENT HABE

↓

WAS ICH BIN
(Selbstliebe, Selbstwert, innere Stärke)

Das Zornprogramm dient dazu, das eigene Verhalten bewusst nachzuvollziehen und den Zorn in eine positive Kraft umzuwandeln, die ihm letztlich zu Grunde liegt. Das obige Diagramm zeigt, welche Konsequenzen es hat, wenn man seinen Zorn unterdrückt. Verleugnet man seinen Zorn, beginnt man zwangsläufig, den Kontakt zu seinen Wünschen und Bedürfnissen zu verlieren. Diese Abstumpfung gegenüber den eigenen Wünschen führt wiederum dazu, dass man seine natürlichen angeborenen Empfindungen des Selbstwerts, der Selbstliebe und der Selbstachtung zu verleugnen beginnt. Mit der Verleugnung des Zorns verleugnet man letztlich dessen Ursprung, nämlich die eigene innere Kraft und das eigene Selbstvertrauen.

Wenn Sie Ihre innere Kraft wiedererlangen wollen, können Sie das Zornprogramm durchführen, um sich innerhalb von Minuten wieder besser zu fühlen. Dieses Programm besteht aus drei Stufen.

Stufe 1:
Auf sich selbst wütend werden
Wenn Sie einen Fehler gemacht oder eine Gelegenheit verpasst haben oder von sich selbst enttäuscht sind, können Sie den Ärger darüber nutzen, um auf sich selbst wütend zu werden. Dazu stellen Sie sich am besten vor einen Spiegel und sagen Sätze wie:

▷ »Ich ärgere mich über dich, weil…«
▷ »Ich kann dich nicht verstehen, weil…«
▷ »Du bringst mich zur Verzweiflung, weil…«
▷ »Ich mag es nicht, wenn…«
▷ »Du hast mich in eine peinliche Lage gebracht, als…«

So können Sie laut alle möglichen rationalen und irrationalen Vorwürfe aussprechen, die Ihnen einfallen. Dabei ist es gleichgültig, ob Sie laut schimpfen oder ob Sie nur in einem empörten oder mahnenden Ton sprechen. Allerdings sollten Sie nicht aus vollem Hals schreien, weil Sie dadurch den Kontakt zu Ihren wirklichen Gefühlen verlieren können.

Sprechen Sie sich in der zweiten, nicht in der ersten Person an! Dadurch werden Sie den Ärger am besten los.

Also nicht:	*Sondern:*
Ich hasse mich!	Ich hasse dich!
Ich bin so schlecht!	Du bist so schlecht!
Ich habe es satt, schwach zu sein!	Ich habe deine Schwachheit satt!
Ich kann es nicht ausstehen, ein Schwächling zu sein!	Ich kann dich nicht ausstehen, weil du ein Schwächling bist!

Nachdem Sie zwei bis drei Minuten ungehemmt oder vielleicht sogar in einer übertriebenen Weise Ihrem Zorn Ausdruck verliehen haben, machen Sie mit der zweiten Stufe weiter.

Stufe 2:
Motivieren
Jetzt motivieren Sie sich selbst. Mit demselben zornigen Nachdruck in der Stimme sagen Sie jetzt, was Sie wollen und was nicht.

▷ Ich will, dass du dich verantwortungsvoller verhältst.

▷ Ich will nicht, dass du so schnell aufgibst.

▷ Hör auf, dich wie ein Schwächling zu verhalten.

▷ Kannst du nicht endlich mal erwachsen werden?

▷ Ich will, dass du dir Mühe gibst.

▷ Ich möchte, dass du Erfolg hast.

▷ Ich will, dass du mit dir selbst zufrieden bist.

▷ Ich will, dass du mit dem Jammern aufhörst.

Nachdem Sie so eine bis zwei Minuten lang Ihre Wünsche und Absichten ausgedrückt haben, machen Sie mit Stufe 3 weiter.

Stufe 3:
Eigenlob und Unterstützung
Mit derselben festen Stimme drücken Sie nun Ihre Gefühle mit positiven, unterstützenden Aussagen aus.
▷ Du kannst es.
▷ Du hast Erfolg verdient.
▷ Du hast Achtung verdient.
▷ Du bist großartig!
▷ Ich liebe deinen Mut und deine Kraft.
▷ Für mich bist du der Größte.
▷ Ich liebe dich.
▷ Du wirst Erfolg haben.
▷ Alle mögen dich, weil du ein wirklich liebevoller Mensch bist.

Wenn wir uns unglücklich fühlen, machen wir uns irgendwo im Unterbewusstsein Selbstvorwürfe. Zorn kann man als Gelegenheit nutzen, diese Gefühle an die Oberfläche zu bringen und dann die innere Liebe und Kraft neu zu entdecken. Das gelingt noch besser, wenn man die Hilfe eines Partners in Anspruch nimmt. Man stellt sich dabei vor, dass der Partner man selbst ist, und drückt ihm gegenüber Zorn und Vorwürfe aus. Dann wiederholt der Partner jeden einzelnen Satz.

Wie wirksam und stärkend diese Übung ist, muss man selbst erlebt haben; es lässt sich kaum beschreiben. Wenn Sie also einmal das Bedürfnis haben, sich wacher, lebendiger, kraftvoller oder einfach wohler zu fühlen, sollten Sie sich etwas überlegen, worüber Sie zornig sein können. Wenn

Ihnen nichts einfällt, erfinden Sie etwas, oder denken Sie an etwas Vergangenes. Ist es im Augenblick gerade nicht möglich, solche Gefühle auszudrücken, können Sie sie auch aufschreiben.

Sie können auch Ihre Freunde bitten, Ihnen dabei zu helfen. Zuerst geben Sie ihnen eine kurze Erläuterung; dann machen Sie es ihnen einfach vor und bitten sie dann, jeden Satz zu wiederholen. Das kann auch den Nebeneffekt haben, dass Ihre Freunde, die vielleicht ihrerseits einen versteckten Groll gegen jemanden hegen, diesen freisetzen können, wodurch die persönliche Nähe wachsen kann.

Die Liebesbriefmethode

Die Liebesbriefmethode ist ein unschlagbares Verfahren, um die ganze Wahrheit äußern und mitteilen zu können und dadurch emotionale Konflikte zu lösen. Sie ist nicht nur ein effektives Werkzeug zur emotionalen Heilung, sondern man erfährt dabei auch mehr über seine eigenen Gefühle und darüber, was es wirklich heißt, die Wahrheit zu sagen.

Tausende von Menschen haben inzwischen meine Seminare besucht und gelernt, die Liebesbriefmethode erfolgreich anzuwenden. Viele berichten, dass sie jetzt innerhalb von Minuten emotionale Konflikte lösen können, die sie andernfalls nur hätten verdrängen können.

Jeder Liebesbrief besteht aus fünf Teilen. Zuerst drückt man seinen Zorn, seinen Groll und seine Vorwürfe aus und dringt durch die übrigen Ebenen bis zur Liebe vor. Die nachfolgenden Einleitungsphrasen können helfen, wenn man auf einer Ebene nicht vorankommt und keine Worte findet.

1. Zorn und Vorwürfe

▷ Ich mag es nicht, wenn…
▷ Ich kann es nicht ausstehen, wenn…
▷ Es passt mir nicht, dass…
▷ Ich habe es satt, dass…
▷ Ich will nicht mehr, dass…
▷ Ich möchte, …

2. Verletztheit und Trauer

▷ Es macht mich traurig, wenn…
▷ Ich bin verletzt, weil…
▷ Ich bin traurig, weil…
▷ Ich bin enttäuscht, weil…
▷ Ich möchte…

3. Furcht und Unsicherheit

▷ Ich fürchte, dass…
▷ Es macht mir Sorgen, dass…
▷ Ich habe Angst, dass…
▷ Ich möchte…

4. Schuldgefühle und Verantwortung

▷ Es tut mir Leid, dass…
▷ Ich bedauere, dass…
▷ Bitte verzeih mir, dass…
▷ Es war keine böse Absicht, dass…
▷ Ich wollte,…

5. Liebe, Nachsicht, Verständnis und Wünsche

▷ Ich liebe dich, weil…
▷ Ich liebe es, wenn…
▷ Danke dafür, dass…
▷ Ich verstehe es, dass…
▷ Ich verzeihe dir, dass…
▷ Ich möchte…

Der Zweck des Liebesbriefs

Zweck des Liebesbriefs ist es, alle negativen Gefühle auszudrücken und freizusetzen, durch die man daran gehindert
wird, die tief im Innern empfundene Liebe wahrzunehmen
und mitzuteilen. Ein solcher Liebesbrief soll nicht mit den
Worten beginnen: »Mein herzallerliebster Engel, ich liebe
dich aus ganzem Herzen…« Sein Zweck ist es vielmehr, alle
Emotionen aufzulösen, die den Strom der Liebe behindern
können.

Warum sollte man sich nun die Mühe machen, alle diese
Gefühle aufzuschreiben? Die Antwort ist einfach:

Wortgefechte helfen nicht

Wenn Sie Ihren Zorn mit der Absicht ausdrücken, Ihrem
Partner die eigene Verletztheit, die eigenen Befürchtungen
und Schuldgefühle mitzuteilen, um so bis zur Ebene der
Liebe zu gelangen, dann wird Ihnen das nur selten gelingen.
Der Partner muss sich Ihren Zorn anhören, wird selbst wütend und unterbricht Sie. Selbst wenn er einwilligt, einfach
zuzuhören, hindern Sie sein Gesichtsausdruck und die
Wahrnehmung seiner Emotionen daran, Ihre eigenen Empfindungen ohne weiteres aufzuarbeiten. Setzen Sie sich dagegen alleine hin und schreiben Ihre Gefühle nach einem
festen Schema auf, dann bringen Sie vielleicht Ihre eigenen
Empfindungen in Bewegung und können Sie heilen.

Es gehört zur Technik des Liebesbriefes, dass man sich
diesen Brief von jemandem laut vorlesen lässt. Damit erreicht man zweierlei:

1. Wenn man seine Emotionen von außen zu hören bekommt, wird es einfacher, sie loszulassen.
2. Bei der Person, die den Brief vorliest, werden die eigenen
   Emotionen wach. Arbeitet man sich in seinem Brief bis
   zur Ebene der Liebe vor, vollzieht der Betreffende die-

sen Prozess mit. Fühlte sich der Vorlesende vorher getrennt oder emotional kalt, dann kommen seine Gefühle vielleicht wieder in Gang, während er den Brief laut liest.

Wie man einen Liebesbrief schreibt

1. Manchmal ist es der schwierigste Teil, sich überhaupt dazu aufzuraffen, dem Partner einen Liebesbrief zu schreiben. Sorgen Sie zunächst dafür, dass Sie ein Zimmer für sich allein haben. Es kommt nicht darauf an, ob Sie sich in der Stimmung für einen Liebesbrief fühlen. Wenn Sie wieder Zugang zu Ihren Gefühlen bekommen möchten, fangen Sie einfach mit dem Schreiben an.

2. Berücksichtigen Sie alle fünf Ebenen von Gefühlen. Fangen Sie beim Schreiben auf der ersten Ebene an (Zorn und Vorwürfe), und arbeiten Sie sich dann bis zu Ihren positiven Gefühlen vor. Zur Erinnerung hier noch einmal die grundlegenden Emotionsebenen:

   1. Zorn, Vorwürfe und Groll
   2. Verletztheit, Trauer und Enttäuschung
   3. Furcht und Unsicherheit
   4. Schuldgefühle und Bedauern
   5. Liebe, Nachsicht, Verständnis und gute Absichten.

3. Rezensieren Sie Ihre Gefühle nicht. Der Zweck eines Liebesbriefs ist es, den Gefühlen freien Lauf zu lassen. Der Verstand ist vielleicht nicht immer mit den Gefühlen einverstanden, und manche Äußerungen werden Ihnen vielleicht ganz sinnlos erscheinen. Trotzdem sollten Sie nicht rezensieren, was Sie schreiben. Gefühle sind nie sinnvoll, solange Sie nicht mit Ihren unklaren negativen Emotionen aufgeräumt haben! *Versuchen Sie nicht vernünftig zu sein!* Das verletzte,

verängstigte, zornige Kind in Ihrem Innern muss seinen Weg auf das Papier finden. Vielleicht klingt das, was Sie hinschreiben, tatsächlich nach einem kleinen Kind, das einen Wutanfall hat. Sie dürfen gemein und böse sein. Sie dürfen alles zum Vorschein bringen, was Sie sonst lieber nicht zeigen möchten. Jetzt geht es *nicht* darum, verständnisvoll oder vernünftig zu sein, vor allem nicht in den ersten Abschnitten des Briefs. Warten Sie einfach ab, bis Sie in ganz natürlicher Weise bis zur Liebe gelangen. Selbst wenn Sie nur ein klein wenig wütend sind, müssen Sie dies so hinschreiben, als wenn Sie vor Wut kochen würden.

4. *Zorn und Vorwürfe.* Wenn Sie dann mit Ihrem Zorn und Ihren Vorwürfen beginnen, versuchen Sie bitte nicht, nett zu sein! Geben Sie sich einfach dem Gefühl hin, dass Sie selbst Recht haben und der andere Unrecht. »Du bist so gemein, du selbstsüchtiger Kerl!« Lassen Sie Ihren ganzen Zorn heraus – versuchen Sie nicht, ihn auf eine verstandesmäßige Ebene zu bringen.

So sollten Sie es *nicht* machen: »Ich weiß, dass dein Vater dich nicht geliebt hat und du daher nicht gerne Gefühle zeigst, aber es hat mich irritiert, als du mir gestern keinen Gutenachtkuss gegeben hast.«

Drücken Sie Ihre Gefühle aus, statt sie zu analysieren! Schreiben Sie: »Ich hasse dich dafür, dass du nie Gefühle zeigst! Du hast mir nicht einmal einen Gutenachtkuss gegeben!«

5. *Verletztheit und Trauer.* Nach einiger Zeit werden Sie feststellen, dass Empfindungen der Verletztheit und der Trauer aufsteigen. Vielleicht fangen Sie sogar an zu weinen. Das liegt einfach daran, dass unter dem Zorn immer Schmerz und Verletztheit liegen; nachdem Sie in Ihrem Brief diesem Zorn Raum gegeben haben, begin-

nen Sie die wahre Verletztheit zu spüren. Wenn Sie an diesem Punkt angelangt sind, schreiben Sie all Ihre Empfindungen der Verletztheit und der Trauer nieder: »Ich war so verletzt, als du mir keinen Gutenachtkuss gegeben hast. Ich war am Boden zerstört. Wie konntest du mir das antun?«

6. *Furcht und Unsicherheit.* Wenn Sie einige Zeit der Verletztheit Ausdruck verliehen haben, werden Sie eine gewisse Furcht oder Verunsicherung spüren. Dann sind Sie auf der dritten Ebene angelangt. Schreiben Sie wieder Ihre Gefühle nieder: »Ich fürchte, dass du mich nie so viel küssen wirst, wie ich es gerne möchte. Ich fürchte, dass du böse auf mich bist. Ich fürchte, dass du mich verlassen wirst.«

7. *Schuldgefühle und Verantwortung.* Wenn Sie Ihre Ängste ausgedrückt haben und klarer sehen, was Sie wirklich fühlen, ist es Zeit, zur nächsten Ebene überzugehen und Verantwortung für das zu übernehmen, worüber man schreibt: »Es tut mir Leid, dass wir nicht immer gut miteinander auskommen. Es tut mir Leid, dass ich heute nach der Arbeit an dir herumgenörgelt habe, und ich verstehe es ja, dass du mir keinen Kuss geben wolltest.«

8. *Liebe, Nachsicht, Verständnis und Wünsche.* Nachdem Sie diesen vier Gefühlsebenen Ausdruck verliehen haben, werden Sie das emotionale Band zu Ihrem Partner wieder zu spüren beginnen und eine neue Kraft in sich fühlen. Das ist Ihre natürliche Verbindung zu Ihrer eigenen Liebe, Ihrem Verständnis und Ihrer Nachsicht: »Ich liebe dich so sehr. Du bist ein wunderbarer Mensch. Ich möchte, dass wir zärtlicher zueinander sind.«

9. *Erwarten Sie nicht, dass Sie sich der Liebe schon bewusst sind, wenn Sie diesen Brief zu schreiben beginnen.* Wenn Sie den Liebesbrief zu schreiben beginnen,

fühlen Sie vielleicht nichts als Groll und Ärger, vielleicht ein wenig Schmerz, und sonst fast nichts. Fangen Sie trotzdem einfach damit an, Zorn und Vorwürfe auszudrücken; die Emotionen werden dann ganz von selbst auf die jeweils nächste Ebene übergehen. *Warten Sie nicht mit dem Schreiben des Briefs, bis Sie wieder Kontakt zu Ihrer Liebe haben!* Darum geht es ja gerade beim Schreiben: Sie können sich durch die Emotionen hindurcharbeiten, die Ihnen den Zugang zu dieser Liebe versperren. Manchmal werden Sie Einleitungsphrasen und die Technik der Satzvervollständigung brauchen, um durch diese verschiedenen Ebenen hindurchgelangen zu können.

10. *Ebenen wiederholen.* Es kann vorkommen, dass Sie sich beim Aufschreiben Ihres Zorns, Ihrer Verletztheit und Ihrer Ängste plötzlich wieder zornig fühlen. Das ist vollkommen in Ordnung. Wenden Sie sich dann einfach wieder dem Zorn zu, und arbeiten Sie sich nochmals durch die Ebenen hindurch.

11. *Den Liebesbrief erst dann beenden, wenn man bei der Liebe angelangt ist.* Das ist ein sehr wichtiger Punkt. Wenn Sie aufhören, bevor Sie bei der Liebe angelangt sind, ist das *kein* Liebesbrief. Wenn Sie mitten im Brief aufgeben, bringen Sie sich damit um die Gelegenheit, die Liebe wieder wirksam werden zu lassen. Liebe liegt allen anderen Empfindungen zugrunde – andernfalls wären Sie ja nicht so verletzt oder zornig oder ängstlich. Sie müssen also geduldig weiterschreiben, dann wird die Liebe ganz gewiss zum Vorschein kommen.

12. *Abschnitte des Liebesbriefs.* Achten Sie darauf, dass die einzelnen Abschnitte etwa gleich lang sind. Sie sollten also nicht drei Seiten über Zorn, eine Seite über Verletztheit, zwei Absätze über Furcht und Schuldgefühle

und am Ende eine Zeile über die Liebe schreiben. Das ist ebenfalls *kein* Liebesbrief. Am Ende des Liebesbriefs muss immer eine große Liebe und Wertschätzung stehen. Jeder Liebesbrief muss etwas von allen fünf Ebenen enthalten.

13. *Verteidigen Sie sich nicht, und stellen Sie auch nicht nur Ihren Standpunkt dar.* Der Zweck des Liebesbriefs ist es nicht, Informationen zu geben, sondern Emotionen auszudrücken. Schreiben Sie nicht: »Als du nach Hause gekommen bist und mir erzählt hast, was dein Chef dir gesagt hat, habe ich das so verstanden, dass du jetzt immer länger arbeiten musst. Darüber habe ich mich natürlich geärgert, aber ich dachte, wenn ich es dir gleich sage, wirst du nur sauer, und deshalb wollte ich bis nach dem Essen warten.«

Das ist eine *Erläuterung*. Stattdessen können Sie in Ihrem Liebesbrief schreiben: »Ich hasse es, wenn du Überstunden machst. Ich hasse es, wenn du nicht nach Hause kommst und nicht bei mir bist. Es macht mich traurig, wenn du so viel arbeiten musst. Es verletzt mich, wenn du nicht da bist. Ich fürchte, dich nicht genug zu sehen. Ich fürchte, dass du wegen meiner Gefühle böse auf mich sein wirst.«

14. *Schreiben Sie den Liebesbrief für sich selbst, um Ihre eigenen Emotionen aufzulösen und Ihre Liebe wieder zu finden.* Schreiben Sie den Liebesbrief nicht mit der Absicht, den Partner oder jemand anderen zu ändern. Sie werden sich in jedem Fall besser fühlen, wenn Sie einen Liebesbrief schreiben. Sie sollten dies also auch dann tun, wenn Ihr Partner keinen Liebesbrief schreiben will.

Wie geht es nach dem Liebesbrief weiter?

1. *Wenn Sie mit dem Schreiben des Liebesbriefs fertig sind,* geben Sie ihn dem Partner und bitten ihn darum, ihn laut vorzulesen, als wenn er ihn selbst geschrieben hätte. Schreiben Sie deshalb deutlich oder tippen Sie den Brief.

2. *Der Vorlesende sollte versuchen, möglichst lebhaft zu lesen* und sich in die Empfindungen des Verfassers hineinzuversetzen. Es ist natürlich nicht einfach, einen Brief vorzulesen, in dem der Partner seine negativen Empfindungen ausdrückt. Der Betreffende liest deshalb vielleicht sehr monoton und angestrengt – vor allem, wenn er beim Lesen seine eigenen Gefühle zu bezähmen versucht. *Wenn Ihr Partner »leiert«, machen Sie ihm deswegen keine Vorwürfe!* Bitten Sie ihn einfach, den Brief einige Male laut zu lesen, bis seine Distanziertheit sich auflöst. Irgendwann wird er beim Lesen selbst die verschiedenen Emotionsebenen durchlaufen und schließlich zur Empfindung der Liebe gelangen.

3. *Wenn Ihr Partner ebenfalls einen Liebesbrief geschrieben hat,* dann lesen Sie ihm diesen Brief ebenfalls vor. Wenn Sie wollen, können Sie sich auch einige Male abwechseln, wenn Sie sich nach dem ersten Lesen noch immer nicht besser fühlen. Wenn Sie den Brief des anderen gelesen haben, können Sie auch dem Partner nochmals den eigenen Brief vorlesen.

4. *Hat Ihr Partner keinen Liebesbrief geschrieben,* sei es, weil er es nicht wollte, oder weil er behauptet, selbst gar nicht ärgerlich zu sein, sollten Sie nicht überrascht sein, wenn er beim Lesen des Briefes ärgerlich *wird.* Das bedeutet lediglich, dass Ihr eigener Brief ein Erfolg war. Jetzt ist der Partner in Kontakt mit seinen eigenen unterdrückten Gefühlen und kann seinerseits einen Liebesbrief schreiben.

5. *Wenn Sie den Brief lesen und auf eine Zeile stoßen, über die Sie besonders ärgerlich sind,* sollten Sie diese mehrmals lesen. Vielleicht sind Sie deshalb ärgerlich, weil die Zeile starke Emotionen wachruft, über die Sie sich durch mehrmaliges Lesen Klarheit verschaffen können.
6. *Wenn Sie sich dann immer noch nicht besser fühlen, können Sie Folgendes tun:*

▷ Noch einen Brief schreiben: Vielleicht sind die tieferen Empfindungen noch nicht an die Oberfläche gelangt.

▷ Den eigenen Brief dem Partner laut vorlesen. Dies hilft möglicherweise, die Emotionen freizusetzen.

▷ Den Brief des Partners nochmals lesen und diesen den eigenen Brief nochmals lesen lassen.

▷ Die Liebesbriefe eine Stunde beiseite legen und sich etwas Distanz zueinander gönnen. Vereinbaren Sie einen Zeitpunkt, zu dem Sie erneut lesen wollen. *Bis dahin dürfen Sie jedoch keinerlei Kontakt mit Ihrem Partner haben.*

Regeln für das Lesen von Liebesbriefen

▷ *Liebesbriefe müssen immer ganz bis zum Ende gelesen werden.* Sonst droht die Gefahr, dass man auf den negativen Gefühlen des Partners sitzen bleibt, ohne dessen Liebe zu empfangen und ihm eine Entschuldigung zu ermöglichen. Man muss bei dem Entschluss bleiben, den ganzen Brief zu lesen, gleichgültig, was darin steht.

▷ *Keine Kommentare beim Lesen des Briefs,* etwa in der Art: »Wie kannst du so etwas sagen; du bist noch schlimmer als ich!« Oder: »Nenn mich ruhig doof; du bist selber doof.« Kommentare sind strikt verboten. Man liest die Gefühle des anderen und »beobachtet« seine eigenen.

**Einen Liebesbrief an einen anderen
als den Liebespartner schreiben**

Liebesbriefe kann man auch an seine Eltern, ein Kind, einen Freund, an Geschwister, an Vorgesetzte usw. schreiben. Dies ist eine hervorragende Möglichkeit, negative Emotionen gegenüber diesen Menschen freizusetzen und aufzulösen und in seinen Beziehungen wieder zu mehr Liebe und Harmonie zu finden. Aber: *Bevor man den Liebesbrief dem Adressaten gibt, muss man unbedingt zuerst erklären, worum es geht.* Die Liebesbriefmethode darf nicht dazu missbraucht werden, negative Gefühle loszuwerden; sie ist einfach eine Möglichkeit, alle seine Gefühle bis hin zur Liebe und Wertschätzung mitzuteilen.

Wenn Sie Ihrer Mutter einen Brief schicken, in dem steht: »Du bist so blöd, Mama. Du hast mein ganzes Leben ruiniert«, dann kann das für sie ein echter Schock sein. Solange die Betreffenden nicht über das Prinzip des Liebesbriefs Bescheid wissen, muten Sie ihnen einen solchen Brief nicht zu. Schreiben Sie trotzdem und lassen Sie sich Ihren Brief von einem Freund oder einer Freundin vorlesen.

Hat man einen Liebesbrief an jemanden geschickt, mit dem man keine enge Beziehung hat oder der nicht antworten kann, bittet man einen Vertrauten, diesen Brief laut vorzulesen. Dies wird auf beide eine großartige Wirkung haben. Gegebenenfalls kann man auch einen Liebesbrief schreiben, in dem man den Abschnitt »Zorn« weglässt. Wenn man seinem dreijährigen Sohn einen Liebesbrief schreibt, kann man auch den Ehepartner bitten, ihn vorzulesen.

Hat man den Brief an jemanden geschrieben, der die Liebesbriefmethode nicht versteht, dann kann man nach Abfassung des Briefs und wenn man seine Gefühle aufgelöst hat, dem Betreffenden die ganze Wahrheit im direkten Gespräch, am Telefon oder im Brief mitteilen.

Zum Beispiel: »Weißt du, Mama, letzte Woche war ich ziemlich *wütend*, als du so lange über deine Gesundheit gejammert hast. *Es tut mir weh*, dich mit so leidender Stimme zu hören, und *ich fürchte*, dass deine Krankheit schlimmer wird. Ich fühle mich hilflos, weil ich nichts für dich tun kann, und *es tut mir Leid*, dass ich manchmal so ungeduldig bin. Ich liebe dich, und ich möchte, dass du besser auf dich aufpasst und wieder gesund wirst.«

Hier sind wiederum alle fünf Gefühlsebenen vorhanden. Man kann all das ganz ruhig mitteilen, nachdem man die intensiveren Gefühle in einem vollständigen Liebesbrief niedergeschrieben hat und sich diesen hat vorlesen lassen.

Wenn man sich selbst einmal an diese Methode gewöhnt hat, kann man dieses Buch seinen Angehörigen geben und dann mit diesen Liebesbriefe austauschen. Man muss nur sicherstellen, dass alle die Regeln wirklich verstanden haben.

Wenn der Partner den Liebesbrief nicht vorlesen oder selbst keinen schreiben will

Manchmal fassen Sie vielleicht den Entschluss, einen Liebesbrief zu schreiben, um einen Konflikt zu lösen, aber der andere will sich nicht beteiligen. Was können Sie in einem solchen Fall tun?

1. Vor allen Dingen dürfen Sie diese Weigerung nicht als Ausflucht benutzen, um an Ihren eigenen negativen Empfindungen festzuhalten: Schreiben Sie den Liebesbrief trotzdem! Sie tun das für sich selbst und können nur davon profitieren, wenn Sie alle Emotionen in liebevoller Weise loslassen.

2. Wenn Sie den Brief fertig geschrieben haben, geben Sie ihn dem Partner und bitten ihn darum, ihn zu lesen.

3. Wenn Ihr Partner sich weigert, den Brief zu lesen, *dürfen Sie unter keinen Umständen weiter mit ihm kommuni-*

zieren, solange er den Brief nicht gelesen hat. Andernfalls würden Sie mit Sicherheit sofort in Streit geraten, sofern Sie nicht seine Gefühle vollkommen unterdrücken, was genauso schlecht ist. Sie können einfach sagen: »Es hat mir sehr gut getan, diesen Brief zu schreiben. Ich möchte gerne, dass du ihn liest, damit wir uns versöhnen können. Solange du das nicht tust, möchte ich nicht mit dir reden, weil ich weiß, dass wir sofort wieder Streit bekommen würden. Ich frage später noch einmal nach.« Dann wenden Sie sich ab und versuchen es vielleicht nach einer Stunde noch einmal. Wenn Ihr Partner sich immer noch weigert, gehen Sie wieder. Nach einiger Zeit wird Ihr Partner neugierig werden und den Brief doch lesen wollen. Wenn das nicht der Fall ist, sollten Sie sich ernsthafte Gedanken über diese Beziehung machen und sich überlegen, ob Sie wirklich mit einem Partner zusammen sein möchten, der sich nicht kooperativ verhält und nicht an der Heilung von Konflikten mitwirken will.

Nach dem Lesen
Liebesbriefe sollte man niemals wegwerfen. Wir schlagen vielmehr vor, sie in einer Schublade oder einem Tagebuch zu sammeln. Wenn es dann einmal sehr eilt, können Sie einen alten Liebesbrief hervorholen und ihn sich von Ihrem Partner vorlesen lassen. Dann werden Sie vielleicht überrascht feststellen, dass diese Briefe sich gar nicht so sehr unterscheiden. Die meisten Paare geraten immer wieder wegen derselben Dinge aneinander und haben ihre Lieblingsthemen. Zum Beispiel: »Du arbeitest nicht genug.« Oder: »Warum bist du mir gegenüber so kritisch?« Oder: »Ich kann es nicht ausstehen, wenn du dich so verschließt.«

Wenn es also einmal brennt, suchen Sie sich einen Liebesbrief zum Thema, über das Sie gerade streiten. Dann lesen

Sie ihn sich zuerst selbst laut vor und lassen ihn sich dann vom Partner vorlesen. Aber verlassen Sie sich nicht hundertprozentig auf dieses Verfahren – es ist immer besser, einen neuen Liebesbrief zu schreiben.

Liebesbriefe aufzubewahren hat auch noch den Vorteil, dass Sie einen Überblick über Ihr inneres Wachstum bekommen. Sie können auch einmal Ihre alten Liebesbriefe lesen, wenn Sie in einer ruhigen Stimmung sind, und sich darüber wundern, wie klein die emotionalen Probleme wirklich sind, wenn Sie sich geliebt fühlen. Wenn Sie alte Liebesbriefe noch einmal lesen, geben Sie Ihrem Unterbewusstsein wertvolles Feedback, und das kann Ihnen auch helfen, auf künftige emotionale Herausforderungen gelassener zu reagieren.

Verlieren Sie nicht die Geduld: Wenn alte Konflikte heilen und man sich alter Probleme annimmt, dann tauchen so lange neue Konflikte und neue Probleme auf, bis alle verdrängten Gefühle geheilt sind. Jeder Konflikt und jede Krise ist immer eine Chance, an tiefere Ebenen des eigenen Liebespotenzials zu gelangen.

Was tun in emotionalen Notfällen?

Sind Sie jemals mit Ihrem Partner in Streit geraten, als Sie gerade ein Restaurant betraten?

Haben Sie jemals ein großes Fest vorbereitet und sind mit Ihrem Mann oder Ihrer Frau in Streit geraten, kurz bevor die Gäste kamen?

Was können Sie tun, wenn Sie eigentlich einen Liebesbrief schreiben müssten, aber nur fünf Minuten Zeit haben? *Schreiben Sie einen Miniliebesbrief!*

Nehmen Sie ein Stück Papier, eine Serviette, einen Briefumschlag oder irgendetwas, was gerade greifbar ist, und schreiben Sie einfach einen Satz für jede der fünf Gefühlsebenen hin.

Ein Beispiel: Cathy findet, dass Tom ihr Aussehen nicht genügend würdigt, als sie gerade ein Restaurant betreten, um dort Freunde zu treffen:

Lieber Tom,

1. Ich bin wütend auf dich, weil du dich wie ein Stoffel benimmst und mir nicht sagst, dass ich gut aussehe.
2. Es verletzt mich, wenn du mir keine Aufmerksamkeit schenkst und mich nicht bewunderst.
3. Ich fürchte, dass du nicht stolz auf mich bist und mich nicht mehr so magst wie früher.
4. Ich bedaure es, dass ich manchmal übertrieben reagiere und mich dir gegenüber verschließe.
5. Ich liebe dich so sehr, und ich möchte, dass wir einen schönen Abend miteinander haben. Wollen wir uns wieder vertragen?

In Liebe,
Cathy

Auch wenn Cathy nicht dazu kommt, ihren Zorn und ihre Verletztheit deutlicher auszudrücken, hat sie jetzt doch mehr Kontakt zu ihren Gefühlen – und nicht nur sie, sondern auch Tom. Wenn sie dann wieder zu Hause sind, können sie immer noch längere Liebesbriefe schreiben und so das Problem wirklich beseitigen.

Tipps für bessere Liebesbriefe
Wenn Sie mit Ihrem Partner die Liebesbriefmethode anwenden wollen, aber noch nicht den Mut aufbringen, einander schriftlich so richtig die Meinung zu sagen, sollten Sie beide zunächst einem anderen Menschen in Ihrem Leben einen Liebesbrief schreiben. Dann tauschen Sie diese Liebesbriefe aus und lesen sie sich gegenseitig vor. Wenn Sie dann feststellen, wie gut es tut, Liebesbriefe zu lesen und zu schrei-

ben, und wie viel liebevoller Sie sich gegenüber der Person fühlen, der Sie den Liebesbrief geschrieben haben, werden Sie Vertrauen in diese Methode gewinnen. Dann wagen Sie es auch eher, sich gegenseitig einen solchen Brief zu schreiben.

Die ersten Liebesbriefe werden möglicherweise recht lang, und es kann einige Zeit dauern, bis Sie über den Zorn zu den anderen Emotionen gelangen, insbesondere, wenn Sie in Ihrer Beziehung viele Gefühle verdrängt haben. Es empfiehlt sich, nicht jede Emotion, die Sie jemals gegenüber Ihrem Partner hatten, in einen einzigen Brief zu packen. Wenn Sie für Ihren Liebesbrief zu lange brauchen, sollten Sie sich auf bestimmte Themen konzentrieren, statt zum Beispiel Sex, Geld, Kommunikation und Erziehung in einem einzigen Brief behandeln zu wollen.

TIPPS ZUM SCHREIBEN VON LIEBESBRIEFEN

Nachdem ich jahrelang selbst Liebesbriefe geschrieben und anderen Menschen den Weg zu ihren Gefühlen gewiesen habe, habe ich verschiedene Übungen entwickelt, wie man jeder Gefühlsebene vollständig Ausdruck verleihen kann. Wenn man die emotionale Anspannung auf einer Ebene durch Schreiben auflöst, gelangt man ganz mühelos auf die nächste Ebene. Wenden wir uns nun den fünf Ebenen noch einmal im Einzelnen zu.

1. Zorn und Vorwürfe
Wenn Sie in irgendeiner Weise emotional erschüttert oder abgestumpft sind, spüren Sie im Inneren einen gewissen Zorn. Möglicherweise sind Sie sich aber dieses Zorns nicht bewusst, weil man ihn gerne unterdrückt. Es ist daher wichtig, zu Beginn eines jeden Liebesbriefs diesen Zorn auszu-

drücken. Wenn Sie blockiert sind, können Sie versuchen, mit den folgenden Einleitungsphrasen Ihren Zorn auszudrücken und freizusetzen:

▷ »Ich kann es nicht ausstehen, wenn …«
▷ »Ich mag es nicht, wenn …«
▷ »Wenn ich nicht so ein netter Mensch wäre, dann würde ich mich darüber ärgern, dass …«
▷ »Es macht mich wütend, wenn …«
▷ »Ich habe es satt, dass …«

Der Abschnitt »Zorn« des Liebesbriefs ist dazu da, dass Sie all Ihre Kritik und Ihre Vorwürfe loswerden können, ohne sich dabei zu bemühen, »vernünftig« zu sein. Es darf durchaus ein richtiger Wutausbruch auf dem Papier sein. Lassen Sie das Kind in seinem Innern zum Vorschein kommen! Es ist vollkommen in Ordnung, psychologisch inakzeptable Dinge zu schreiben wie zum Beispiel:

▷ »Das machst du *immer*.«
▷ »Du bist *nie* rechtzeitig.«
▷ »Du *musst* endlich erwachsen werden.«

Beklagen Sie sich über alles, was Ihnen einfällt! Laden Sie alles ab, was Sie auf dem Herzen haben. Erlauben Sie es sich ruhig, zu verallgemeinern. Auch Schimpfwörter sind nicht tabu, auch wenn Sie versuchen sollten, möglichst konkret zu sein. Statt zum Beispiel zu sagen: »Ich hasse dich, weil du immer so rücksichtslos zu mir bist«, sollten Sie sagen: »Ich hasse es, wenn du rücksichtslos zu mir bist. Wie konntest du mich nur zwei Stunden warten lassen?« Eine Seite mit »Ich hasse dich, ich hasse dich« voll zu schreiben, ist zu allgemein. Eine Freisetzung von Emotionen ist nur möglich, wenn Sie spezifischer werden. Manche Menschen schreiben allgemeine Dinge und glauben, dadurch emotionale Spannung abzubauen, aber der Erfolg, den sie damit erreichen, beruht eher auf Verdrängung durch Erschöpfung.

Vergessen Sie nicht, auf jeder Ebene immer wieder Ihre Erwartungen und Absichten auszudrücken. »Ich möchte...« ist eine wirkungsvolle Einleitungsphrase. Sehen wir uns einmal an, wie das auf der Ebene von Zorn und Vorwürfen aussehen könnte:

»*Ich hasse es, wenn* du so tust, als ob ich dein Leben ruinieren würde. *Ich hasse es, wenn* du sagst, dass dir etwas einfach egal ist. *Ich hasse es, wenn* du die Beherrschung verlierst und mich anschreist. *Ich hasse es, wenn* du mich ignorierst. *Ich möchte* deine Zuneigung spüren. *Ich möchte, dass* du mich großartig findest. *Ich hasse* deine Schwäche. *Ich möchte, dass* auch du Verantwortung für unsere Probleme übernimmst.«

Nachfolgend noch einige weitere hilfreiche Einleitungsphrasen:

▷ »Es macht mich krank, wenn...«
▷ »Ich habe es so satt, deine Klagen anzuhören...«
▷ »Ich finde es einfach dämlich, wenn...«
▷ »Du benimmst dich wie...«
▷ »Was glaubst du, wie es auf mich wirkt, wenn...«
▷ »Wie kannst du nur...«

2. Verletztheit und Trauer
Diese zweite Emotionsebene können Sie zum Beispiel mit folgenden Sätzen einleiten:
▷ »Es macht mich traurig, wenn...«
▷ »Es tut mir weh, wenn...«
▷ »Ich fühle mich verletzt, weil...«
▷ »Ich bin darüber enttäuscht, dass...«

Wie auf der ersten Ebene ist es auch hier hilfreich, Absichten auszudrücken:

▷ »Ich möchte …«

▷ »Ich brauche …«

Zum Beispiel könnten Sie Ihrem Partner gegenüber folgende Gefühle haben:

»Es tut mir weh, wenn du mich nicht an dich ziehst und mich nicht küssen und umarmen willst. Es tut mir weh, wenn du dich nicht zu mir hingezogen fühlst. Es macht mich traurig, dass dich meine Gegenwart nicht glücklich macht. Ich möchte, dass du mir Komplimente machst. Ich bin enttäuscht, dass du nicht gefragt hast, wie mein Tag war. Ich möchte, dass du stolz auf mich bist.«

3. Furcht und Unsicherheit

▷ »Ich fürchte, dass du mich nicht mehr magst.«

▷ »Ich fürchte, dass du mir wieder wehtun wirst …«

▷ »Ich fürchte, dass du nichts mehr für mich übrig hast.«

▷ »Ich fürchte, dass ich dich nicht glücklich machen kann.«

▷ »Ich fürchte, dass du mir nicht verzeihen kannst.«

▷ »Ich fürchte, dass dir dieser Brief nicht gefallen wird.«

Auch in diesem Abschnitt sollten Sie Ihre Absichten einstreuen, zum Beispiel:

Ich fürchte, dass es mit unserer Beziehung bergab geht. *Ich fürchte, dass* du dich nie ändern wirst. *Ich fürchte, dass* ich nie gut genug für dich sein werde. *Ich fürchte, dass* du mir wehtun wirst. *Ich möchte, dass* du mich schätzt. *Ich möchte, dass* du mich akzeptierst. *Ich möchte mich* bei dir sicher fühlen können. *Ich wollte*, du könntest mich einfach so akzeptieren, wie ich bin.

4. Schuldgefühle und Verantwortung

Die meisten Menschen glauben, dass sie sich nur dann schuldig fühlen müssen, wenn sie etwas falsch gemacht haben oder für etwas die alleinige Verantwortung tragen. Mit einer solchen Auffassung hindert man sich jedoch daran, seine natürlichen Schuldgefühle wahrzunehmen. Man braucht gar nicht einem anderen wehgetan zu haben, um Bedauern zu fühlen. Wenn die eigene Mutter krank ist, fühlt man Bedauern. Wenn man versehentlich jemandem wehgetan hat, bedauert man dies, selbst wenn man nichts dafür kann. Auf der vierten Ebene des Liebesbriefs hat man die Gelegenheit, alle seine Empfindungen der Schuld und der Verantwortung auszudrücken und freizusetzen:

▷ »Es tut mir Leid, dass ich dir wehgetan habe.«

▷ »Es tut mir Leid, dass ich manchmal gemein zu dir bin.«

▷ »Es tut mir Leid, dass wir Streit hatten.«

▷ »Es tut mir Leid, dass ich so frustriert und zornig bin.«

▷ »Es tut mir Leid, dass ich dich vor anderen Menschen kritisiert habe.«

▷ »Es tut mir Leid, dass ich eine Dummheit gemacht habe.«

▷ »Bitte verzeih mir, dass ich dich zurückgewiesen habe.«

▷ »Es tut mir Leid, dass ich dich bloßgestellt habe.«

Man kann auch wiederum Einleitungsphrasen wie »Ich möchte…« und »Ich wünsche…« verwenden. Ein Beispiel dafür, wie man die Äußerung von Schuldgefühlen und Wünschen miteinander verbindet:

»Es tut mir Leid, dass wir schon wieder streiten. *Es tut mir Leid, dass* ich so wütend geworden bin. *Es tut mir Leid, dass* ich so lange mit dem Schreiben dieses Briefes gewartet habe. *Es tut mir Leid, dass* ich dich nicht glücklich mache. *Es tut mir Leid, dass* wir einander wehtun. *Ich möchte* mit dir einen schönen Urlaub haben. *Ich möchte, dass* wir uns

wieder vertragen. *Ich möchte* dir immer Liebesbriefe schreiben, statt zu streiten. *Ich bedauere es, dass* ich die Beherrschung verloren habe. *Ich möchte* dich akzeptieren und unterstützen. *Ich möchte, dass* du glücklich bist. *Ich wollte* unseren Ausflug nicht ruinieren. *Ich möchte, dass* wir es schön miteinander haben. *Bitte verzeih mir, dass* ich einen Wutanfall hatte. *Ich hätte* zuerst einen Liebesbrief schreiben sollen. *Es tut mir so Leid, dass* ich dir wehgetan habe.«

Wenn man seine Schuldgefühle ausdrückt, darf man sich dabei nicht verteidigen. In einem Liebesbrief geht es nicht darum, Recht oder Unrecht zu haben, sondern darum, aufrichtig seine Gefühle mitzuteilen. Man braucht nicht im Unrecht zu sein, um Schuldgefühle zu haben oder Bedauern zu fühlen. Sagt man, dass einem etwas Leid tut, gibt man damit dem Partner die Gelegenheit, wieder zu lieben und zu verzeihen.

5. Liebe, Nachsicht, Verständnis und Wünsche

Hat man die Emotionen der ersten vier Ebenen vollständig ausgedrückt und freigesetzt, stellt sich ganz von selbst eine Empfindung der Liebe und des Verständnisses ein. Verständnis bedeutet nicht, dass man dem Verhalten des anderen völlig zustimmt; es bedeutet lediglich, dass man bereit ist, ihn wieder zu lieben. Man kann einen anderen auch dann lieben, wenn man nicht mit dem einverstanden ist, was er getan hat. Hat man Zorn, Verletztheit, Befürchtungen und Schuldgefühle freigesetzt, kann man die Liebe wieder ganz fühlen und ausdrücken.

▷ »Ich liebe es, bei dir zu sein.«
▷ »Ich liebe dich, weil du so sensibel bist.«
▷ »Ich finde, dass du die großartigste Frau der Welt bist.«
▷ »Du gibst mir so viel Selbstvertrauen.«

▷ »Ich liebe es, wenn du mich küsst.«

▷ »Ich liebe es, wenn du mit mir spielst.«

▷ »Ich liebe es, wenn du dich für mich schön machst.«

▷ »Ich bin so dankbar dafür, dass du bei mir sein willst.«

▷ »Ich genieße es, wenn du mich festhältst.«

▷ »Ich finde es ganz richtig, wenn du mir die Wahrheit sagst.«

▷ »Ich verzeihe dir, dass du so kritisch warst.«

▷ »Ich verstehe es, dass du dich bedroht gefühlt hast.«

▷ »Ich danke dir dafür, dass du so liebevoll bist.«

Zum Beispiel:

»*Ich liebe dich* so sehr. *Ich brauche* deine Liebe. *Ich möchte,* dass du mich immer liebst. *Ich will versuchen,* verständnisvoller zu sein. *Ich liebe es,* bei dir zu sein. Es ist so schön mit dir. *Ich finde,* dass du so viele Begabungen hast. *Ich liebe es,* wenn du dich mir gegenüber öffnest. *Ich will versuchen,* dir gegenüber auch offen zu bleiben. *Ich glaube,* dass wir sehr gut zusammenpassen. *Ich weiß,* dass du mir nicht wehtun willst. *Ich verzeihe es dir,* dass du manchmal gemein zu mir bist. Du kannst so lieb sein. Ich liebe dich, und *ich möchte,* dass du mich liebst.«

Es kann vorkommen, dass man auf der Ebene der Schuldgefühle und der Liebe ankommt und sich plötzlich wieder wütend fühlt. Das bedeutet, dass noch irgendwo unterdrückter Zorn vorhanden ist, den man noch nicht ausgedrückt hat. Dann schreibt man diesen ebenfalls auf, bis man wieder bei der Liebe angelangt ist.

Im Abschnitt »Liebe« sollte man sich keinerlei Zwang auferlegen; der Verstand ist hier nicht so wichtig. Man darf seine Gefühle in Superlativen ausdrücken. »Du bist der beste Mann der Welt.« Man muss dem Partner sagen, warum man ihn liebt. Jeder hört es gerne, dass er geliebt wird. Man übermittelt damit nicht nur einfach eine Information, sondern bringt bei sich und bei anderen Gefühle in Bewegung. Gibt man seiner Liebe nicht ständig Ausdruck, dann gerät sie irgendwann ins Stocken. Und wenn die Liebe nicht mehr strömt, dann fühlt man sie auch nicht mehr.

Schreibt man einen Liebesbrief an jemanden, in den man nicht leidenschaftlich verliebt ist, dann sieht der Abschnitt »Liebe« natürlich etwas anders aus. Nachfolgend einige Einleitungsphrasen für solche Briefe:

▷ »Ich schätze es, dass du so ein wunderbarer Freund bist…«
▷ »Ich danke dir für deine Hilfe…«
▷ »Ich finde es gut, wenn du mir Feedback gibst.«
▷ »Ich liebe deinen Humor.«
▷ »Ich helfe dir zu bekommen, was du haben willst.«
▷ »Ich weiß, dass du dein Bestes tust.«
▷ »Sie sind wirklich eine großartige Chefin.«
▷ »Ich bin so dankbar dafür, dass du mein Bruder bist.«
▷ »Ich glaube, dass Sie eine großartige Lehrerin sind.«

Bei diesem Abschnitt darf man nicht versuchen, Liebe zu heucheln. Es gibt Menschen, die man niemals mögen wird, weil es einfach keine Gemeinsamkeiten mit ihnen gibt. Trotzdem kann man solchen Menschen einen Liebesbrief schreiben, wenn man wütend ist. In diesem Fall versucht man im Abschnitt »Liebe« die liebevollen Absichten dieser Menschen zu verstehen und ihnen zu verzeihen. Vielleicht gibt es doch etwas, worüber man sich mit ihnen austauschen kann. Irgendetwas Gutes findet man in jedem Menschen. Man sollte auch eines nicht vergessen: Was man anderen nicht verzeihen kann, ahmt man vielleicht unwissentlich selbst nach, um ihr Verhalten verstehen zu können.

Der letzte Abschnitt des Liebesbriefs ist eine Chance, die große Liebe und Zuneigung zu entdecken, die man in sich trägt. Dies kann deshalb gelingen, weil man sich Zeit dafür genommen hat, alle anderen emotionalen Ebenen auszudrücken, die die Liebe verdecken: Zorn, Verletztheit, Furcht und Schuldgefühle. Die Anwendung der Liebesbriefmethode verleiht das Vertrauen und die Gewissheit, dass unter allen negativen Emotionen immer die Ebene der Liebe liegt, die nur darauf wartet, ausgedrückt und erfahren zu werden, und dass man nichts weiter zu tun braucht, als seine Gefühle rückhaltlos ehrlich auszudrücken.

Beispiele für Liebesbriefe
Die folgenden Beispiele sind authentische Briefe von Männern und Frauen, die an meinen Seminaren teilgenommen haben.

TIM UND JANE

Tim und Jane waren wegen Arbeiten an ihrem Haus in Streit geraten. Ihre Liebesbriefe sind relativ kurz.

Lieber Tim,
du bist wirklich eine Flasche. Was ist los mit dir? Ich habe es satt, dich jeden Morgen beinahe aus dem Bett prügeln zu müssen. Ich kann deine Faulheit nicht ausstehen. Warum kannst du nicht aufstehen, du fauler Sack? Es gibt so viel zu tun, und du schläfst einfach. Ja, es macht mich ganz krank. Und dann wirst du auch noch wütend auf mich, weil ich versuche, dich aus dem Bett zu bekommen. Ich könnte rasend werden. Ich hasse es, wenn du mir das Gefühl gibst, lästig zu sein.
Es schmerzt mich, wenn du glaubst, dass ich dich nur ner-

ven will. Es tut mir weh, dich so müde zu sehen, weil ich möchte, dass du dich gut fühlst. Es schmerzt mich, wenn wir in dieser Weise streiten. Ich bedauere es, dass wir einen anderen Rhythmus haben und dass du mehr Schlaf brauchst. Es macht mich traurig, dass wir einander wehtun. Ich fürchte, dass du mich für eine Nervensäge hältst. Ich fürchte, dass du deswegen aufhören könntest, mich zu lieben. Ich fürchte, dass wir mit dem Haus nie fertig werden, weil du so viel schläfst. Ich fürchte, dass ich dich in den nächsten Jahren wegen der Schule und der Arbeit und des Schlafens kaum zu Gesicht bekommen werde. Ich fürchte, dass du mir mit dem Baby nicht helfen kannst, weil du so müde bist.

Es tut mir Leid, dass ich an dir herumnörgle. Es tut mir Leid, dass du so müde bist. Es tut mir Leid, dass ich dich aus dem Bett werfe. Aber ich tue es wohl nur deshalb, weil du mir fehlst und weil ich mit dir zusammen sein möchte. Es tut mir Leid, dass du so viel zu tun hast und dass du so müde wirst. Es tut mir Leid, dass ich dir nicht mehr helfen kann.

Tim, ich liebe dich doch so sehr. Du bist ein wunderbarer Mann, und wir haben so viele Gemeinsamkeiten. Ich bin glücklich, dass ich mein Leben mit dir verbringen darf. Ich freue mich jeden Tag, bei dir zu sein. Ich weiß, dass du mich wirklich liebst. Du bist ein wunderbarer Mensch, und ich bin sehr stolz auf dich. Ich schätze es ungeheuer, was du schon alles am Haus gemacht hast. Ich verzeihe es dir, dass du so müde bist; ich werde ja auch manchmal müde. Ich bin so glücklich, dich zu lieben. Ich danke dir, dass du so gut zu mir bist.

Ich liebe dich.

Jane

*

Liebe Jane,

was willst du eigentlich? Kannst du nicht endlich mal Ruhe geben? Dauernd nörgelst du an mir herum. Wenn du dich für so großartig hältst, warum richtest du dann nicht selbst die Küche ein? Ich kann es nicht ausstehen, wenn du so mit mir umgehst. Ich möchte dich mal sehen, wie du Löcher bohrst und blöde Regale zusammenbaust. Ich habe dein Gejammere satt. Ich möchte, dass du die Arbeit schätzt, die ich mache, und mich nicht dauernd herunterputzt. Ich kann das nicht ausstehen.

Es tut mir sehr weh, das Gefühl haben zu müssen, nicht perfekt zu sein und Fehler zu machen. Es tut mir weh, dass du glaubst, ich sei kein guter Mann. Es tut mir weh, wenn du sagst, dass ich faul bin. Es macht mich traurig, dass ich kein geschickterer Handwerker bin und es nicht besser kann. Es tut mir weh, wenn ich Fehler mache und du darauf herumreitest.

Ich fürchte, dass ich mein ganzes Leben nur Mist bauen werde. Ich fürchte, dass ich zu viel arbeite. Ich fürchte, dass du mich für einen dämlichen Trottel hältst. Ich fürchte, dass ich nicht genug Zeit haben werde, um alles zu tun, was ich tun möchte. Ich möchte mehr Zeit dafür haben, mit dir etwas Schönes zu machen, statt nur immer für das Haus schuften zu müssen.

Es tut mir Leid, weil ich mich in Wirklichkeit selber dafür hasse, dass ich meine Frustrationen an dir ausgelassen habe. Ich bedauere es, dass ich die Beherrschung verloren habe. Es tut mir Leid, dass ich dich angeschrien habe. Es tut mir Leid, dass ich manchmal so faul bin. Es tut mir Leid, dass ich nicht geschickter bin. Ich schäme mich so, wenn ich die Beherrschung verliere.

Jane, ich liebe dich wirklich so sehr. Ich kann es gar nicht oft genug sagen. Ich hoffe nur, dass du siehst, wie meine

Liebe zu dir aus meinem Gesicht leuchtet und aus meinem Herzen strömt. Du bist eine fantastische Frau, und ich bin so glücklich, bei dir sein zu können. Ich kann mir nicht vorstellen, dass eine andere Frau besser zu mir passen würde. Ich brauche deine Liebe so sehr. Ich möchte, dass du stolz auf mich bist. Ich möchte, dass wir ein schönes Haus haben. Ich möchte, dass wir ein wunderbares Leben haben. Ich will für dich ein großartiger Ehemann sein. Ich liebe dich und möchte dich glücklich machen.

In Liebe
Tim

JO ANNES LIEBESBRIEF AN IHREN FREUND

Lieber Frank,

ich kann es nicht fassen, wie selbstsüchtig du bist. Du warst einfach unmöglich bei dieser Party. Wie kannst du es wagen, mich einfach stehen zu lassen und zwanzig Minuten mit dieser anderen Frau zu reden? Ich war noch nie in meinem Leben so wütend. Du machst mich krank. Du bist genau wie alle anderen Männer, die mir je begegnet sind; es geht euch nur um euer großes Ego und um Sex. Ich habe es satt. Es war schrecklich, dich mit diesem Flittchen flirten zu sehen. Es war schrecklich, das Gefühl haben zu müssen, ein Störenfried zu sein, wenn ich einfach zu euch hingegangen wäre. Ich hasse dich dafür, dass du mir die Stimmung verdorben und den Abend ruiniert hast. Und ich bin wütend darüber, dass du so getan hast, als wäre gar nichts los. Du hast mir das Gefühl gegeben, hysterisch zu sein. Ich wollte auf dieser Party bei dir sein, und du hast alles kaputtgemacht.

Ich fühle mich so verletzt von deinem Verhalten. Der Gedanke macht mich traurig, dass du meiner vielleicht überdrüssig wirst. Es hat mir so wehgetan, dich mit ihr lachen zu sehen, während ich alleine da saß. Es tut so weh, wenn du mir die kalte Schulter zeigst. Es tut weh, wenn du dich vor unserer Liebe versteckst. Es tut mir weh, wenn du glaubst, dass ich nicht gut genug für dich bin. Ich war gestern Abend so traurig, weil eine große Kluft zwischen uns war. Ich möchte dir die ganze Zeit nahe sein. Es tut mir weh, wenn du anderen Frauen so viel Aufmerksamkeit widmest und mich ignorierst. Bitte versteh doch, wie ich mich fühle. Ich möchte wissen, dass ich für dich etwas Besonderes bin.

Ich fürchte, dass du mich verlässt. Ich fürchte, dass du mich nicht mehr liebst. Ich fürchte, dass du andere Frauen interessanter findest als mich. Ich fürchte, dass ich eifersüchtig werde und du wütend auf mich wirst. Ich fürchte, dass ich für dich nicht gut genug bin. Ich fürchte, dass ich mit einer solchen Konkurrenzsituation nicht zurechtkomme. Ich fürchte, dass dieses Problem immer wieder zwischen uns auftauchen wird. Ich habe Angst vor dem Alleinsein.

Es tut mir Leid, dass ich dich zu Hause angegriffen habe. Es tut mir Leid, dass ich nicht mehr Vertrauen in dich habe. Es tut mir Leid, dass ich mich dir gegenüber verschlossen habe und nachher im Bett so kalt war. Es tut mir Leid, dass wir streiten. Es tut mir Leid, dass ich so eifersüchtig werde. Ich weiß, dass du mich liebst und dich einfach nur gut unterhalten hast. Es tut mir Leid, dass ich mich auf Partys manchmal so zugeknöpft benehme. Ich glaube, dass ich in Gegenwart anderer Menschen einfach unsicher bin.

Ich möchte, dass du mehr Vertrauen in mich hast. Ich möchte, dass wir miteinander glücklich sind. Ich möchte, dass du mich daran teilnehmen lässt, wenn du dich amüsierst. Ich möchte dich lieben und so sein, dass du stolz auf mich bist. Ich möchte lernen, nicht in Panik zu geraten, wenn wir einmal nicht zusammen sind. Frank, ich liebe dich so sehr. Du unterstützt mich so, und ich glaube, dass du ein fantastischer Mann bist. Ich bin so glücklich mit dir. Ich schätze deine liebevolle und sensible Art. Ich bin sehr glücklich, mit dir zusammen zu sein. Ich liebe es, wie du mir zuhörst und dich um meine Gefühle kümmerst. Ich danke dir für deine Bereitschaft, mit einem Liebesbrief unseren Streit beizulegen. Ich danke dir für dein Verständnis für meine Unsicherheit. Ich danke dir dafür, dass du mir das Gefühl gibst, eine schöne Frau zu sein. Ich möchte mich immer so fühlen. Ich brauche dich in meinem Leben so sehr. Ich möchte, dass wir miteinander wachsen und einander jeden Tag mehr lieben.

In Liebe
Jo Anne

BONNIES BRIEF AN IHREN VATER

Bonnie gab diesen Brief ihrem Vater nicht. Sie schrieb ihn und ließ ihn sich von jemand anderem vorlesen. Dann milderte sie den Abschnitt über den Zorn ab, gab den Brief ihrem Vater und bat ihn, ihn ihr vorzulesen.

Lieber Vater,
du bist ein Ekel. Du hast mich nie gemocht. Du hast mich nie unterstützt. Du hast mich nie verstanden. Ich hasse dich dafür, dass du all die Jahre so kühl zu mir warst. Ich hasse dich dafür, dass du so gemein und lieblos warst. Du bist der selbstsüchtigste Mensch der Welt. Du bist so ein Fiesling: Du kannst nichts als saufen und jammern. Ich

hasse dich dafür, dass du nie für Mama Zeit hattest. Ich hasse dich dafür, dass du ihr nie Liebe und Unterstützung gegeben hast. Es war schrecklich für mich, all die Jahre sehen zu müssen, wie schlecht du sie behandelt hast. Du machst mich ganz krank. Ich schäme mich für dich. Ich hasse deine widerliche Trinkerei. Ich hasse deine Schwäche. Ich hasse dich, weil du nie ein wirklicher Vater warst. Es tut mir weh, dass du mir nie Zuneigung gegeben hast. Es tut mir weh, dass du nie wirklich liebevoll zu mir warst. Es tut mir weh, dass du nie mit mir gespielt hast. Ich hatte nie einen Vater. Ich habe dich nie wirklich gekannt, und das macht mich so traurig. Es tut weh, daran denken zu müssen, wie viel wir verpasst haben. Es tut mir weh zu sehen, wie du dir selbst mit Alkohol wehtust und dich umbringst. Es tut mir weh, einen solchen Zorn auf dich zu verspüren. Ich möchte dir nahe sein, nicht wütend auf dich sein. Ich möchte stolz auf dich sein. Es tut mir weh, mich so deiner schämen zu müssen.

Ich fürchte, dass du mich überhaupt nicht gerne hast. Ich fürchte, dass niemand mich jemals gemocht hat. Ich fürchte, dass wir niemals zueinander finden können. Ich fürchte, dass ich dir niemals verzeihen kann. Ich möchte dir aber verzeihen. Ich möchte dich lieben und akzeptieren.

Es tut mir Leid, dass ich dich nicht immer liebe. Es tut mir Leid, dass ich dich aus meinem Leben verbannt habe. Es tut mir Leid, dass ich mir manchmal wünsche, einen anderen Vater zu haben. Es tut mir Leid, dass es dir so schlecht geht. Es tut mir Leid, dass ich dir nicht helfen kann. Es tut mir Leid, dass du ein so schweres Leben hattest. Es tut mir Leid, dass ich dich nicht glücklich machen kann. Ich möchte, dass du glücklich bist. Ich möchte, dass du aufhörst zu trinken.

Ich möchte, dass du weißt, wie sehr ich dich im Innersten geliebt habe. Ich möchte dir so gerne näher sein. Ich danke dir für alles, was du für mich getan hast. Ich weiß, dass du dich bemüht hast. Ich weiß, dass es schwer war für dich. Ich liebe die lustigen Seiten von dir. Ich liebe es, mit dir zusammen zu sein. Deine Liebe bedeutet mir so viel. Ich möchte, dass wir einander lieben und Freunde sind. Ich möchte, dass du glücklich bist. Du bist so wichtig für mich.

In Liebe
Bonnie

LIEBESBRIEFE VON KINDERN

Lieber Dad,

du machst mich wütend. Ich werde ganz verrückt, wenn du Mama anschreist. Ich hasse es, wenn du mich nicht besuchst. Ich bin traurig, dass du nicht stolz darauf bist, was ich einmal werden möchte, wenn ich groß bin. Ich bin traurig darüber, dass du nicht mehr bei uns wohnst. Ich habe Angst, dass du mich nicht wirklich liebst. Ich habe Angst, dass du nicht stolz auf mich bist. Ich liebe dich so sehr!

Pollyanna, 10 Jahre

Liebe Mama,

ich hasse es, wenn du mit deinen Freundinnen über mich redest. Das ist mir peinlich. Ich habe Angst, dass du es nicht für dich behältst, wenn ich dir wieder einmal etwas von mir erzähle. Es tut mir Leid, dass ich nicht aushalte, dass du über mich redest. Ich liebe dich sehr. Bitte frage mich beim nächsten Mal, wenn du über mich reden willst.

Matt, 13 Jahre

EINEN LIEBESBRIEF AN SICH SELBST SCHREIBEN

Eine großartige Möglichkeit, sich zu motivieren, besteht darin, sich selbst einen Liebesbrief zu schreiben. Statt den Kopf hängen zu lassen und mit sich selbst unzufrieden und deprimiert zu sein, kann man sich hinsetzen und sich selbst einen Liebesbrief schreiben. Auf diese Weise kann man sich von den negativen Empfindungen lösen, die lähmend wirken und alles nur schlimmer machen.

Liebe Mary,
du kotzt mich wirklich an. Ich kann es nicht ausstehen, wenn du allen anderen so viel Macht über dich gibst. Ich hasse es, wenn du immer noch glaubst, dass du nicht um Hilfe bitten darfst, dass du keine Unterstützung verdient hast und dass du nicht so wichtig bist. Was ist los mit dir? Glaubst du eigentlich, dass du dir immer erst ein Trauma zuziehen musst, bevor du Aufmerksamkeit verdient hast? Es macht mich sehr traurig, dass du dich noch immer nicht genug liebst, um zu wissen, dass du einfach um deiner selbst willen Liebe und Aufmerksamkeit verdient hast. Es tut weh, wenn man nicht um etwas bitten kann. Es tut weh, Angst davor zu haben. Es ist traurig, dich so als ein kleines, hilfloses Kind zu sehen.
Ich fürchte, dass du es nie kapieren wirst, dass du Aufmerksamkeit und Liebe verdient hast. Ich fürchte, dass du immer Schuldgefühle haben wirst, wenn du um etwas bitten musst. Ich fürchte, dass du immer erst ein Drama anzetteln wirst, bevor du um Hilfe bittest, und dich dann hinterher auch noch schuldig fühlst.
Ich bedaure es, dass du dich nicht einfach lieben kannst. Ich bedaure es, dass du dich immer noch als das kleine Mädchen fühlst, das keine Aufmerksamkeit verdient hat.

Du hast nämlich Liebe und Aufmerksamkeit verdient. Ich möchte, dass du um das bittest, was du brauchst, und deine Gefühle äußerst. Ich möchte, dass du dich so sehr liebst, dass du keine Schuldgefühle hast, wenn man dir Aufmerksamkeit entgegenbringt. Du hast diese Aufmerksamkeit und Liebe verdient. Du bist so großzügig und hilfsbereit, und du brauchst auch Zeit für dich. Ich möchte, dass du um das bittest, was du möchtest und brauchst, und dass du das auch in Ordnung findest. Ich liebe dich.

Mary

9. Liebe allein genügt nicht

Sich zu verlieben ist eine unwiderstehliche Erfahrung. Alles scheint so leicht zu sein, und man kann sich nicht vorstellen, dass man sich nicht immer so fühlen würde.

Aber Liebe allein genügt nicht für den Erfolg einer Beziehung. Amors Pfeile können zwar dafür sorgen, dass man einen Abend, eine Woche oder einen Monat lang im siebten Himmel schwebt, aber wenn eine Beziehung ein Leben lang halten soll, genügt das nicht mehr.

Amors Pfeile verschaffen vielleicht einen Abend voller Liebe, den Bestand einer Beziehung sichern aber nicht sie allein.

**Liebe und Gemeinsamkeiten gehören zusammen,
wenn eine Beziehung Bestand haben soll.**

**Das Gefühl, einander zu brauchen, erzeugt in einer Beziehung
Leidenschaft und Begeisterung.**

Liebe allein genügt nicht. Wenn zwei Menschen nicht in dieselbe Richtung gehen und miteinander wachsen, stellt dies ihre Liebe vor eine Zerreißprobe.

Wenn zwei Menschen nicht zueinander passen, kann ihre Beziehung nicht gelingen. Zur Liebe müssen auch gemeinsame Interessen hinzukommen, wenn die Beziehung erfolgreich sein soll. In meiner Praxis als Paartherapeut habe ich festgestellt, dass in zehn bis zwanzig Prozent der Ehen die Partner von Anfang an nicht zusammenpassten. Diese Menschen hatten sich nicht lang genug mit ihren Ähnlichkeiten und Verschiedenheiten beschäftigt, um herauszufinden, ob sie in Frieden und Harmonie miteinander würden leben können.

Entwickelt man sich mit seinem Partner in derselben Richtung und hat man übereinstimmende Vorstellungen über die gemeinsame Beziehung, dann ergänzt man sich in natürlicher Weise. Man braucht einander für die individuelle Entwicklung, und jeder trägt seinen Teil dazu bei, dass das Ganze »rund« wird. Das Gefühl, einander zu brauchen, erzeugt in einer Beziehung Leidenschaft und Begeisterung. Die erste Glut leidenschaftlicher Liebe hat etwas Verlockendes, aber wenn sie Bestand haben soll, muss sie darauf beruhen, dass man aneinander eine Stütze hat.

Zueinander passen bedeutet, dass man gemeinsame Träume und Ziele hat und sich darüber einig ist, in welcher Weise man diese Ziele individuell und gemeinsam erreichen will. Es bedeutet, dass man sein Leben und sein Dasein in ganz ähnlicher Weise genießt wie der Partner. Jede Beziehung muss einem bestimmten Zweck dienen und eine bestimmte Richtung haben. Wenn zwei Menschen nicht in dieselbe

Wenn zwei Partner sich völlig glichen, dann wäre es bald langweilig. Unterschiede schaffen Anziehung.

Liebe allein genügt nicht. Liebe, Gemeinsamkeiten und Verständnis sind die Zutaten, die eine Beziehung gelingen lassen.

Richtung gehen und miteinander wachsen, stellt das ihre Liebe vor eine Zerreißprobe.

Zueinander passen bedeutet nicht, dass man sich in allem gleicht. Unterschiede erzeugen vielmehr eine reizvolle Spannung, und wenn zwei Menschen völlig gleich wären, wäre die Beziehung schnell langweilig. Wenn andererseits die Unterschiede zu groß sind, entstehen Konflikte und Spannungen.

Schreiben Sie einmal auf, was Sie von Ihrer Beziehung und Ihrem Partner erwarten! Bitten Sie dann Ihren Partner, dasselbe zu tun. Dann vergleichen Sie beide die Listen und prüfen, ob die Ziele auf einen gemeinsamen Nenner zu bringen sind. Wenn das der Fall ist, dann haben Sie auf alle Fälle eine gute Basis.

Aber selbst wenn man sich liebt und zueinander passt, braucht man zum Gelingen der Beziehung noch etwas, nämlich Methoden und Übungen, um die alltäglichen Konflikte

210

**Zeit für Zweisamkeit einzuplanen ist ebenso wichtig wie
die Zeit für die Arbeit und Spiel.**

zu bewältigen. Wichtig ist es auch, in der Beziehung Zeit für
intimes Zusammensein einzuplanen, wie man sich auch Zeit
für seine Arbeit oder für den Sport nimmt. Ich empfehle
mindestens dreimal wöchentlich eine Verabredung zur »ge-
planten Intimität«. Geplante Intimität ist eine Zeit, in der
man sich über seine Gefühle austauscht und miteinander redet – ohne dass damit bestimmte sexuelle Erwartungen verbunden sind. Es ist eine Zeit, die man einfach für sich und
seinen Partner reserviert und in der man mit ihm ungestört
bleiben möchte. So kann man sicherstellen, dass die Beziehung gesund bleibt und gedeiht.

Manche Menschen halten ihre Wünsche und Gefühle geheim und erwarten trotzdem, dass der Partner genau das tut, was sie wollen.

Um etwas bitten

Manchen Menschen fällt es schwer, in einer Beziehung um etwas zu bitten. Sie glauben: »Wenn mein Partner mich wirklich liebt, dann weiß er schon, was ich brauche.« Aber man kann vom Partner nicht erwarten, dass er Gedanken lesen kann. Man sagt ihm einfach, was man möchte, und man fragt ihn umgekehrt auch, was er von einem selbst erwartet. Bekommt man nicht, was man braucht, dann sollte man es dem Partner rechtzeitig sagen und nicht erst dann, wenn schon Missstimmung herrscht. Die eigenen Wünsche zu verschweigen ist der sicherste Weg zu Verletztheit und Groll zwischen den Partnern.

Natürlich kann man nicht immer alles haben, was man sich in seiner Beziehung wünscht, aber wenn man genügend Gemeinsamkeiten hat, dann findet man immer einen Weg, dass beide zufrieden sein können. Man bittet um das, was

Bekommt man nicht, was man braucht, dann sollte man es dem Partner rechtzeitig sagen und nicht erst dann, wenn schon Missstimmung herrscht.

Wenn man die Liebe nicht bekommt, die man braucht, dann muss man darum bitten.

man haben möchte, bleibt aber gesprächsbereit, sodass beide zu ihrem Recht kommen. Dann gibt es keinen Gewinner und keinen Verlierer.

Manchmal hat man vielleicht das Gefühl, dass der Partner einen nicht genug schätzt. Manche Menschen würden dann lieber die Beziehung beenden, als um Liebe zu bitten. Sie sagen sich: »Ich will nicht um Liebe betteln.« Aber bitten ist nicht betteln. Bekommt man die Liebe und Wertschätzung nicht, die man braucht, dann hat man die Pflicht, darum zu bitten. Es könnte ja sein, dass einen der Partner durchaus unterstützen möchte, aber er braucht vielleicht etwas Hilfestellung. Es ist nicht nötig, auf Komplimente zu warten: Jeder hat sie verdient.

Nehmen Sie sich am Ende eines Tages einige Augenblicke Zeit, um einander zu danken. Sie können abwechselnd zueinander sagen: »Ich bin dir wirklich dankbar, dass…« Ebenso können Sie Ihrem Partner zu verstehen geben, wofür Sie selbst Wertschätzung erwarten: »Ich denke, du könntest es mehr anerkennen, dass ich…«

214

Wertschätzung ist keine Einbahnstraße. Wenn Sie immer nur darauf warten, dass Ihnen der Partner oder Ihre Freunde Wertschätzung ausdrücken, dann sollten Sie sich einmal fragen, ob Sie den anderen gegenüber selbst Wertschätzung zeigen. Wertschätzung ist ansteckend. Je mehr Sie anderen gegenüber Ihre Dankbarkeit ausdrücken, desto leichter fällt es jenen auch. Sagen Sie Ihrem Partner, *warum* Sie ihn lieben, nicht bloß, *dass* Sie ihn lieben. Jeder hört gerne die Gründe, warum er geliebt wird.

Man muss seinem Partner sagen, warum man ihn liebt, nicht bloß, dass man ihn liebt. Liebe, die man begründen kann, hat Substanz und ist persönlich.

Viele Menschen verwechseln Liebe mit Unterwürfigkeit. Der sicherste Weg, die Liebe in einer Beziehung zu zerstören, besteht darin, für den anderen seine Wünsche und Bedürfnisse zu opfern.

Viele Menschen verwechseln Liebe mit Unterwürfigkeit: »Wenn sie mich liebt, dann wird sie tun, was ich möchte« oder »Ich werde es tun, weil ich dich liebe, auch wenn ich es in Wirklichkeit nicht möchte«. Der sicherste Weg, die Liebe in einer Beziehung zu zerstören, besteht darin, für den anderen seine Wünsche und Bedürfnisse zu opfern. Hört man auf, sich selbst und seine Bedürfnisse zu respektieren, dann ist irgendwann einer von beiden in der Beziehung »nicht mehr da«. Und es ist schwer, sich für einen innerlich derart abgetauchten Menschen zu interessieren.

Den Partner zu lieben heißt auch nicht, ihn für wichtiger einzuschätzen als sich selbst. Es gibt nichts Langweiligeres in einer Beziehung als einen Partner, der kein Selbstwertgefühl hat. Es wäre ein Fehler zu glauben, dass man den Partner dadurch beeindruckt, dass man ihm das Gefühl gibt, er sei besser als man selbst. Kümmert man sich mehr um den Partner als um sich selbst, dann wird man eines Tages feststellen, dass auch der Partner sich nur noch um sich selbst kümmert.

Wenn Liebe Bestand haben soll, dann muss man sich um beide Beteiligten gleichermaßen kümmern, und zwar zuerst um sich selbst, und dann um seinen Partner. Kümmert man sich um sich selbst und um die eigenen Bedürfnisse, dann gibt dies dem Partner Gelegenheit, einen ebenfalls zu lieben und zu unterstützen.

Manche Menschen opfern sich in ihrer Beziehung auf, indem sie alle lästigen Pflichten auf sich nehmen, ohne ihren Partner wissen zu lassen, wie hart sie dafür arbeiten müssen. Insgeheim tun sie es aber nicht gerne. Wenn Sie sich in diesem Typus wieder erkennen, dann sollten Sie einmal eine »Arbeitssitzung« abhalten und eine Liste all der Pflichten

Einen anderen zu lieben heißt nicht, diesen für wichtiger zu halten als sich selbst.

Wenn Liebe Bestand haben soll, dann müssen beide Beteiligten auf ihre Bedürfnisse achten, und zwar zuerst auf die eigenen und dann die des Partners.

und Aufgaben anfertigen, die erledigt werden müssen. Machen Sie deutlich, wie viel Sie normalerweise tun! Dann kann jeder Partner die Aufgaben auswählen, die er am liebsten übernimmt. Den Rest teilen Sie auf. Gibt es eine häusliche Aufgabe, die keiner von Ihnen gerne macht, dann wechseln Sie sich dabei ab oder lassen jemanden kommen, der diese Aufgabe erledigt. So wird nichts mehr für selbstverständlich gehalten, und Sie werden feststellen, dass gerade deshalb alles umso mehr geschätzt wird.

**Wenn man eine Liste der Pflichten macht, wird nichts mehr
für selbstverständlich gehalten, und man wird feststellen,
dass alles umso mehr geschätzt wird.**

Liebe heißt nicht, immer nett zu sein

Jemanden lieben bedeutet nicht, dass man immer einer Meinung ist, und nicht einmal, dass man immer zufrieden ist. Es bedeutet nicht, dass man alles in Ordnung findet, was der andere tut oder nicht tut. Niemand ist vollkommen. Und wie groß die Liebe auch sein mag, so wird es doch nicht ausbleiben, dass man manche Dinge am anderen nicht mag oder sogar hasst.

Für die meisten Menschen ist »hassen« ein hässliches oder sogar verbotenes Wort. Man darf doch seinen Partner nicht hassen? Höchstens nach der Scheidung...

**Für die meisten Menschen ist »hassen« ein hässliches oder sogar
verbotenes Wort. Nicht ausgedrückter Hass bewirkt aber die
Unfähigkeit, Liebe zu fühlen.**

Aber Hass ist letztlich einfach ein Symptom dafür, dass
Liebe ihr Ziel nicht erreichen kann. Liebt man jemanden,
und tut der Betreffende etwas, was man nicht akzeptieren
kann, dann erzeugt dieses Verhalten zwangsläufig Ablehnung. Man möchte den Betreffenden ändern, damit man ihn
wieder lieben kann.

Verdrängter Groll führt in letzter Konsequenz zu Hass.
Wenn man es sich nicht erlaubt, seine Ablehnung in geeig-
neter Weise auszudrücken, dann wird diese verdrängt, und
damit beeinträchtigt man immer seine Fähigkeit, wirklich
zu lieben.

Kann man seine negativen Gefühle nicht mitteilen und äußern, dann stauen sie sich auf und verstärken sich gegenseitig.

Kann man seine negativen Gefühle nicht mitteilen und äußern, dann stauen sie sich auf und verstärken sich gegenseitig. Manche Menschen stürzen sich dann in Arbeit, um diese Gefühle zu verdrängen, und glauben dann, dass sie beseitigt wären. Aber sie wirken trotzdem: Man ist in seinen Beziehungen zu übertriebenen Reaktionen verurteilt.

Dabei ist es gar nicht so schwierig, negative Gefühle aufzulösen. Man braucht nichts weiter zu tun, als die ganze Wahrheit über sie zu sagen. Viele Menschen versuchen das sogar, aber es gelingt ihnen nicht: Wenn sie wütend werden, wird ihr Partner ebenfalls wütend. So verstärkt man sich gegenseitig im Zorn und findet nicht zu Liebe und Nachsicht.

Unterdrückter Zorn ist ansteckend. Er überträgt sich von einem Menschen auf den anderen.

Aber es gibt eine ebenso einfache wie wirksame Lösung: Sobald Sie Ärger in sich aufsteigen fühlen, setzen Sie sich hin und schreiben einen Liebesbrief. Drücken Sie Ihren ganzen Zorn und Groll aus, Schmerz, Ängste und Schuldgefühle. Dann wird wie durch ein Wunder die Liebe wieder

Sich in seinem Zorn aufzuschaukeln macht alles nur schlimmer.

auftauchen, und Sie können Ihrem Partner wirklich verzeihen und ihn wieder lieben.

Jemandem zu verzeihen heißt nicht, dass man sein Verhalten billigt. Verzeihen heißt, einen emotionalen Widerstand aufzulösen, damit die Liebe wieder so ungehindert fließen kann wie zuvor. Unterdrückter Zorn ist ansteckend, und in vielen Familien ist das heute ein echtes Problem. Nicht ausgesprochener Zorn wird in anderer Weise im Verhalten ausagiert. Man lässt seine Frustrationen an Unbeteiligten aus, am Ehepartner und den Kindern, und diese geben es wiederum weiter. Immer nett und lieb sein zu wollen, indem man seine negativen Gefühle unterdrückt, bewirkt nur, dass sich diese aufstauen, bis man entweder in irrationaler Weise explodiert oder seine Gefühle so sehr abstumpft, dass man gar nicht mehr zu positiven Emotionen fähig ist.

Drückt man dagegen alle seine negativen Emotionen aus, gelangt man in natürlicher Weise zu Nachsicht. Nachsicht

Zu verzeihen heißt nicht, dass man das Verhalten des anderen billigt.

Verzeihen heißt, sich wieder wie vorher Liebe zu schenken.

bedeutet, dass man Geschehnisse emotional akzeptiert. Dann kann man daran arbeiten, eine Wiederholung zu verhindern. Nachsicht ist die Bereitschaft, Geschehnisse ruhen zu lassen und zur Liebe zurückzukehren.

Negative Gefühle loszulassen und zu einer echten Haltung der Liebe und der Nachsicht zurückzufinden, ist eine

Hört man auf zu lieben, leidet man selbst am meisten.

Bedingung für persönliches Wachstum. Wenn Sie aufhören zu lieben, leiden Sie selbst am meisten darunter. Wenn Sie an Ärger und Groll festhalten, dann sind Sie selbst derjenige, der auf Liebe verzichten muss. Wenn Sie sich aber dazu durchringen, Ihre negativen Emotionen bis zu neuer Liebesbereitschaft durchzuarbeiten, dann tun Sie sich selbst den größten Gefallen.

Erlauben Sie es sich, Hass und negative Emotionen zu fühlen! Nur so können Sie geheilt werden, und die im Inneren blockierte Liebe kann wieder fließen. In einer Beziehung aufkommende negative Gefühle auszudrücken, ist kein Zeichen der Schwäche oder des Versagens, sondern im Gegenteil ein Zeichen der Stärke. Damit zeigen Sie Ihren Entschluss, alle negativen Emotionen aufheben zu wollen, die Sie daran hindern, sich jederzeit liebevoll zu fühlen.

Bevor Sie eine Beziehung beenden, sollten Sie Ihrem Partner Gelegenheit geben, an ihr zu arbeiten.

Die Liebe aufkündigen

Ist man einmal so weit, dass man seinen Partner verlassen möchte, dann fängt man an, Material zu sammeln, das den Bruch rechtfertigt. Hat man genügend »Vergehen« des Partners beisammen, dann präsentiert man sie ihm eines Tages: »Hier, du kannst es dir selber ansehen. Es ist nicht mit dir auszuhalten. Du hast mir so viel angetan, dass ich ein Recht habe, zu gehen.«

Bevor man eine Beziehung beendet, sollte man aber erst noch versuchen, die aufgestauten negativen Empfindungen gegenüber dem Partner aufzulösen und wieder Liebe und Dankbarkeit zu fühlen. Wenn in einer Beziehung die Kommunikation nicht klappt, dann muss die Liebe zum Partner darunter leiden. Aber ebenso wie man ohne Liebe nicht sagen kann, ob man füreinander richtig ist, kann man auch nicht sagen, dass man nicht füreinander richtig ist, wenn man nicht erst die Liebe fühlt und sich die Gründe dafür vor Augen hält, warum man überhaupt einmal zueinander gefunden hat.

Man braucht nicht aufzuhören, seinen Partner zu lieben, um ihn zu verlassen. Ist man sich selbst gegenüber ehrlich und hat man seinen Groll gegenüber dem Partner aufgelöst, wird man ihm gegenüber immer Liebe spüren.

Wenn Sie darüber nachdenken, Ihren Partner zu verlassen, dann sollten Sie ihm dies rechtzeitig sagen. Sie sollten ihm Gelegenheit geben, an der Beziehung zu arbeiten. Sagen Sie Ihrem Partner, was Sie erwarten und was Sie nicht

**Wenn es so weit gekommen ist,
dass man seinen Partner verlassen möchte,
sammelt man Material, das den Bruch rechtfertigt.**

Wenn Sie Ihren Partner verlassen, ohne Ihre Gefühle zu bereinigen, nehmen Sie diese in die nächste Beziehung mit.

bekommen haben, und dann setzen Sie ihm eine Frist. Das bedeutet nicht, dass Sie bei diesem Partner bleiben werden. Es bedeutet, dass Sie trotzdem gehen können, aber in Freundschaft und nicht in Verbitterung.

Man kann einen Menschen lieben und trotzdem Nein sagen, weil man tief in seinem Inneren weiß, dass er nicht der Richtige ist. Es kann aber genauso gut geschehen, dass man seine negativen Gefühle weitgehend auflöst und plötzlich überrascht feststellt, dass es wieder Hoffnung gibt und man den starken Wunsch verspürt, es noch einmal zu versuchen. Bei den meisten Paaren, die vor der Trennung stehen, ist durchaus noch ein großes Potenzial zu einer erfolgreichen

Wer aus den Fehlern der Vergangenheit lernt, kann sie in Zukunft vermeiden.

Beziehung vorhanden. Die Liebe ist nur unter jahrelangem Zorn und Schmerz verschüttet.

Einen Partner zu verlassen, solange Empfindungen des Schmerzes und des Zorns nicht aufgelöst sind, kann sehr gefährlich sein – es sei denn, das Verhalten des Partners ist wirklich unerträglich. Meist ist es nämlich so, dass man alle diese blockierten Gefühle in die nächste Beziehung mitnimmt. Dort entfalten sie wiederum ihre Wirkung, und sehr schnell hat man wieder dieselben Probleme wie vorher. Alle Beziehungen, die gescheitert sind, bieten eine Chance, aus ihnen zu lernen. Statt den früheren Partnern Vorwürfe zu

Der Entschluss, immer die Wahrheit zu sagen, kann ein Wendepunkt im eigenen Leben werden.

machen, sollte man nüchtern betrachten, welche Fehler beide gemacht haben, damit sie in der nächsten Beziehung nicht wiederholt werden müssen.

Das Geschenk der Liebe

Das Rätsel der Liebe zu lösen kann das aufregendste Abenteuer im Leben sein. Es erfordert die Bereitschaft, immer Kontakt zu den eigenen Gefühlen zu halten und dem Partner die ganze Wahrheit zu sagen. Ein solcher Entschluss kann ein echter Wendepunkt in Ihrem Leben werden.

Je häufiger Sie die Wahrheit sagen, desto leichter wird es

Durch Übung können Sie lernen, auf Ihren Gefühlen zu »surfen«, ohne unangenehme Emotionen unterdrücken zu müssen.

Die regelmäßige Anwendung der Herzmethoden kann helfen, das Geheimnis der Liebe zu entdecken.

Ihnen fallen, Ihren Gefühlen zu trauen und sie zu genießen. Durch Übung können Sie lernen, auf Ihren Gefühlen zu »surfen«, ohne unangenehme Emotionen unterdrücken zu müssen.

Ich verspreche nicht, dass das immer einfach sein wird. In jeder Beziehung gibt es Zeiten der Spannung und der Auseinandersetzung. Aber jetzt kennen Sie ja das »Geheimrezept«, wie Sie wieder zur Liebe zurückfinden können. Die Zeit und Energie, die Sie in die Herzmethoden investieren, zahlen sich in Form von mehr Harmonie, Gelassenheit und Freude aus, die Sie in allen Ihren Beziehungen erleben können.

Wenn Ihr Herz von Liebe erfüllt ist, wird Ihr Leben Ihnen wie ein endloser Sommerurlaub erscheinen.

Die Fähigkeit zu lieben ist das kostbarste Geschenk, das Menschen besitzen. Vergeuden Sie sie nicht, sondern nutzen Sie jeden Augenblick Ihres Lebens, um Liebe zu geben und zu empfangen. Wenn Ihr Herz von Liebe erfüllt ist, dann wird Ihr Leben Ihnen wie ein endloser Sommerurlaub erscheinen.

Danksagung

Aus tiefstem Herzen danke ich Bonnie Gray, meiner Frau und Partnerin, für ihre liebevolle und engagierte Unterstützung, die mich zu immer neuen Höchstleistungen beflügelt. Ich danke Barbara DeAngelis, deren liebevolle Gegenwart und redaktionelle Erfahrung mir bei der Abfassung dieses Buches eine große Hilfe waren. Tamira Langton danke ich für ihre beständige Liebe und dafür, dass sie immer an mich und an dieses Buch geglaubt hat. Für ihr Engagement und die Anwendung der hier beschriebenen Techniken danke ich Linda Lawson, der Leiterin des Heart Counseling Center. Merril Jacobs danke ich für die liebevolle Unterstützung meiner künstlerischen Bemühungen und das einfühlsame Korrekturlesen des Manuskripts; Helen Drake für ihr kenntnisreiches Lektorat und Robert Herstek, Bob Hoffman und Connie Berens für ihr Engagement bei der Planung, Herstellung und Veröffentlichung dieses Buches.

Mein besonderer Dank gilt den tausenden von Absolventen meiner Seminare. Weil sie die Herzmethoden anwenden, stellen sie ihre praktische Brauchbarkeit unter Beweis und geben mir die Ermunterung, diesen Ansatz weiterzuentwickeln.

Ich danke meiner Mutter Virginia Gray. Ich liebe dich.

Hinweis

John Gray ist im Internet unter http://www.marsvenus.com zu erreichen. Dort können Sie unter anderem Fragen stellen, sich mit anderen Mars-Männern und Venus-Frauen austauschen und Bücher, Kassetten und Videos bestellen, die es zu John Grays Seminaren und Büchern gibt.

Wer mehr erfahren möchte über den Autor John Gray und seine Seminare in deutscher Sprache, kann sich an die unten stehende Kontaktadresse wenden.

Seit 1996 gibt es das von Dr. John Gray gegründete Mars Venus Institute, Mill Valley, Kalifornien. Mehr als 600 speziell ausgebildete und persönlich autorisierte Trainer, die Facilitators, bieten in den USA und weltweit Workshops zu den Themen an, die in diesem Buch behandelt wurden.

Diese interaktiven Seminare sind vom Autor persönlich entwickelt worden und vermitteln den Teilnehmern ein tieferes Verständnis für positive Kommunikation zwischen Männern und Frauen sowie praktische Tipps auf dem Weg zu einem erfüllten und erfolgreichen Leben.

Für den deutschsprachigen Raum gibt es seit 1999 das Mars Venus Institut (Deutschland). Fordern Sie kostenfrei aktuelle Informationen über das Angebot an Seminaren und Workshops an, oder informieren Sie sich auf unserer web site im Internet.

MAR$ VENUS

I N S T I T U T

Hans-Joachim von Malsen
Postfach 1525 · D-82178 Puchheim

Service-Telefon: 01805/225568
Telefax: 089/89027039

http://www.MarsVenusDeutschland.com
e-mail: service@marsvenus.de